THE ESSENTIAL GUIDE TO CLASSROOM PRACTICE

卓越教师的200条教学策略

[英] 安德烈·雷德芬
Andrew Redfern

200+ STRATEGIES FOR OUTSTANDING TEACHING AND LEARNING

中国青年出版社
CHINA YOUTH PRESS
中青文传媒

图书在版编目(CIP)数据

卓越教师的200条教学策略/(英)雷德芬著;于涵译.
—北京:中国青年出版社,2016.3
书名原文:THE ESSENTIAL GUIDE TO CLASSROOM PRACTICE: 200+ STRATEGIES FOR OUTSTANDING TEACHING AND LEARNING
ISBN 978-7-5153-4040-1
Ⅰ.卓… Ⅱ.①雷… ②于… Ⅲ.①中小学-课堂教学-教学研究 Ⅳ.①G632.421
中国版本图书馆CIP数据核字(2015)第321478号

The essential guide to classroom practice: 200+ strategies for outstanding teaching and learning / by Andrew Redfern / ISBN: 9781138800298

卓越教师的200条教学策略

作　　者:〔英〕安德烈·雷德芬
译　　者:于　涵
责任编辑:胡莉萍
美术编辑:张燕楠
出　　版:中国青年出版社
发　　行:北京中青文文化传媒有限公司
电　　话:010-65511270/65516873
公司网址:www.cyb.com.cn
购书网址:zqwts.tmall.com
印　　刷:大厂回族自治县益利印刷有限公司
版　　次:2016年3月第1版
印　　次:2021年6月第5次印刷
开　　本:787×1092　　1/16
字　　数:200千字
印　　张:16
京权图字:01-2015-7031
书　　号:ISBN 978-7-5153-4040-1
定　　价:49.90元

目　录 / CONTENTS

前　言 / INTRODUCTION

这是一本拿来就能用的教学指南

作为本书的开卷语，我想说的是，这是一本教学实践指导用书，书中的很多观点和原则都适用于各年级，但它主要针对的是初高中教学。在我写作此书时，有两个问题一直贯穿始终，这两个问题对于想在课堂中提高教学质量的教师具有举足轻重的意义，它们是：什么样的教学策略会在课堂中奏效？这些策略又是如何实现的呢？为了揭开这两个问题的答案，我们在每一个章节都会提供一些以实践为基础的研究来帮助大家探索教学的真谛。例如，在很多教师博客以及在职教师培训中都将如何差异化教学、如何在课堂上提问题、如何进行教学测评与合作学习作为重点，归根到底，因为这些是教学的基本要素。在本书中，你可以找到200多种行之有效的方法去答疑解惑、建立课堂策略，使教学更加高效。

我花费了很多时间研究如何讲授一节高效的课，让所有学生都参与其中并取得长足进步。我时常思考为什么有的课堂进行得很顺利而有些就很糟糕，而且一直想列出一个公式与一套原则，让教师只要操作得当，就能打造一堂“完美”的课堂教学。在学校，我负责教学管理工作，也是职业发展培训者之一，有更多的时间观察、了解课堂中的各种问题。慢慢地，我得出了自己的结论：教学并没有所谓的“完美”公式和操作原则，但优秀的课堂还是有一些共通的特点，我把它们总结为五要素（见图1）。

总而言之，高效的教学应该让学生们积极参与的同时，又能接受一些超出他们现有能力的挑战，这些挑战可以在教师的鼓励和支持下完成。在一堂成功的课上，学生学习就应该像一个社会发展过程：他们互相协作，彼此鼓励支持，对自己的学习负责，使用一系列的思考技能去获取新的知识并展示这些行为及技能。作为教师，应该在这个过程中提供一些辅助，恰当地评估教学成果，让学生们获得反馈，以此得到提升并进一步完成他们的目标。总而言之，教学应该激发每一个学生的潜能，这是教师唯一的教学目标。

谁最需要读这本书

本书主要是写给下面几类教师的：

1. 初入职场的新教师：如果你属于这一类，首先欢迎你的加入。教学无论对于身体还是心理都是极具挑战性的一份工作，但它同时也会带来莫大的存在感和价值感。作为一名新教师，你需要在制订课程计划、课程资源以及课程设计上花费同等的时间。第一章将讲述如何利用五要素合理安排时间，这是一个帮助教师设计、实现高效课程的基本框架，其余章节则在这个基本框架下贯穿各种实践方法。约翰·琼

图1　*卓越课堂的五要素*

斯先生把教师这个职业称为“人类进步的纺车”，我希望这本书可以帮助新教师带动自己教学上的“纺车”。

2. 极客（geek）教师：我用“极客”这个词来形容那些对教学充满兴趣及热情的同事们，他们希望通过各种办法来提高自身的教学能力并改善教学内容。如果你为自己的职业着迷，总在网络上搜寻最流行的教学方法或总是寻求独辟蹊径，那么我建议你阅读这本书。要知道，教师们想尝试各种方法提高教学质量绝对是一件好事情。所以，我希望这本书可以给你一些灵感，一些可以融入你独特想法的可行策略。现在就开始向前一步实现你独一无二的课堂教学吧。

3. 教学带头人：能在自己的课堂里游刃有余地教学是一回事儿，将同样的教学方法推广至其他班级又是另外一回事儿。学校以及各个教学部门之间都需要推广好的课堂实践技巧，并给予教师自主选择的权力。本书中的策略和技巧可以成功地应用于不同的学科，每一个章节都提供了有效的教学系统和结构，它们行之有效并且灵活性极高。我希望学校的教学带头人以及中高层领导可以在书中找到一些适用的教学方法，不管是全校范围内的教学改革还是简单的在教务会中讨论书中的某个观点，选一个议题开始讨论吧！

教学策略的理论基础

以实践为基础的研究是教育学的领域之一，它认为恰当的教学策略比其他方法对学生取得学业成就更有影响。尽管有一些不同的声音，但这项研究一直在改变着学校的教学方法、教师的职业发展、课程的设置以及学校的制度。它包含了卓越教学的五个要素，对学生取得成就也起到了积极的影响。它的原则之一是实际案例指导。我可以非常自信地说，你会从本书中找到多种多样的教学方法、工具以及策略。无论你教哪门学科，它们都会让你的课堂变得与众不同。

每一章开头都有一个实用图表，显示目前较为普遍的研究以及教育领域中的元分析理论（来自罗伯特·马扎诺、约翰·哈蒂以及史蒂夫·希金斯等）。尽管这本书的目的并不是追求学术上的洞察力，但这些研究以及实践结果为每一章提供了使用这些教学策略的理由与形成这些教学策略的实践经验，下图是一些简单的总结：

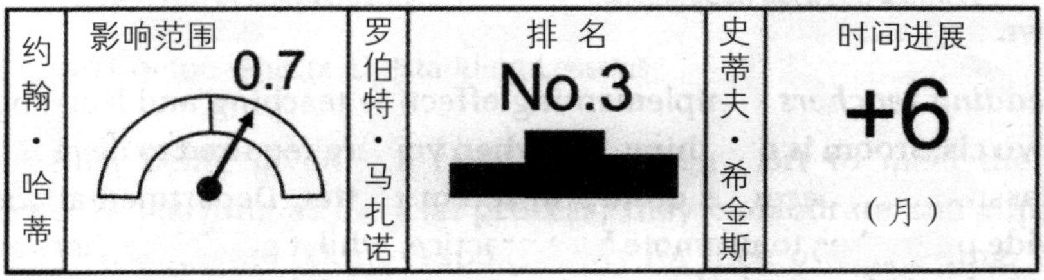

1. 约翰·哈蒂在2009年基于800多份学生样本做了一项关于学习成效的元分析，结果表明大多数的教学策略和技巧对于学生学习成效有积极的影响。研究分析认为，如果某种教育方式的影响范围大于40%，它就是行之有效的方法。

2. 2001年，罗伯特·马扎诺等专家为学生如何在课堂上最大限度地获得知识定义了9种引导性的策略，这些著名的策略在本书中都有阐述，着重罗列在图表中。

3. 史蒂夫·希金斯在2014年撰写的《教学实用工具指南》（英国萨顿基金会出版）是一本持续性的教学策略研究手册。这本指南涉及34个主题，每一个都对目前取得的教学成功和实用方法加以总结，并随着时间的推移对增加的主题以及研究成果进行额外的标注，比如+3就表示这种方法在之后的3个月中取得了成果。

这些研究的目的都是为了帮助教师们利用自己的资源和能力形成有效的教学体系，在此基础上，本书中的观点都是精挑细选出来的，它们不仅是这些研究成果的补充，更是课堂实践中行之有效的方法。

如何使用本书

这本书的主体有五个部分（第二至第六章）。第一章是框架，是教学活动的开始——如何制订行之有效的教学计划；其余五章则是关于怎样有效实现教学目标。同时，每一章末尾，你将看到围绕本章内容的10个法则。这本书将为平时工作非常忙碌或暂时还摸不到教学思路的教师们提供一些“敲门砖”。后文中的表格罗列了高效教学应达到的24个目标，例如“如何拓展和挑战学生”、“如何进行有效反馈”。每一个目标都有对应的方法技巧，翻到相应页数即可了解。

阅读时你会发现，这本书将方法分解成很多简单易懂的信息模块，便于你应用到课堂教学中。每一条策略都有一个简洁的概述，清楚地告诉你为什么要重视它们以及它们是如何奏效的。例如：

- 如何操作：每一条策略都会展示重点与具体的实践步骤。
- 多样性教学：有一些策略会告诉你如何在不同的学科或课堂中灵活使用。
- 应用原则：补充其他一些策略来辅助这些教学方法的应用。
- 教学窍门：一些从经验中来的小建议，帮助你做得更好。

这本书提供了许多有效的方法及建议，然而，这并不是说我们拿起一种应用到某天的课堂上，它就会自动地起到点石成金的效果。同样地，也不是说我们要把所有的方法都应用到某一节课上，这节课就是完美的了。每一个教师、课堂和学生都是独一无二、与众不同的，在一节课上应用自如的教学方法到下一节课未必就会成功，这也是我们的职业富有挑战、富有趣味，偶尔也会让我们觉得沮丧的地方。有一些方法可能第一次并不奏效，第二次应用效果也不太理想。作为教师，我们需要做的是磨炼、实践教学技能，使之变得更加完善。我希望你可以选取一些适用于自身需要的方法，尝试它们、采纳它们、开发它们以丰富自己的教学内容。请牢记合作学习的精神，把这些方法以充满热情的方式同样分享给你的同事们。

在撰写本书的时候，英国的教育体系正在经历着很多的变革和不确定性。不管支持哪一个政治阵营，这些变革都非常容易让人分心、忧虑以及愤怒，但是，教育本质是不会改变的。所以，这本书的方法同样在激励着我，也希望读者们可以关注那些真正应该关心的教育本质——如何能让我们的学生变得更加优异呢？答案就是提高教学质量。

教学策略一览表

页码	方法	(1) 课堂预热	(2) 提倡合作学习	(3) 有效的复习、练习	(4) 让学生反省自己的学习与进步	(5) 鼓励学生深度思考并自己解决问题	(6) 让学生动起来	(7) 激发创造力	(8) 传达、管理教学目标	(9) 课堂行为管理	(10) 表扬、奖励学生	(11) 个性化、差异化教学	(12) 利用拓展活动挑战学生	(13) 在课堂上建立有效的教学系统	(14) 提高问题质量	(15) 倡导以学生为中心的独立学习	(16) 分享教学目标及你对学生的期待	(17) 在课堂上回顾教学进度	(18) 向学生提供有效的反馈	(19) 增加学习乐趣	(20) 在课堂上鼓励良性竞争	(21) 进行有效的教学测评	(22) 数字化资源的高效使用	(23) 灵活掌握课堂，提供多种选择	(24) 激励每一个学生参与学习
242	圆点标记法	√			√									√					√			√			
177	QR码获取信息法			√							√	√	√						√				√	√	
198	问题代币												√		√	√									
185	学习加速合同				√			√	√			√	√	√		√	√					√		√	
216	仪表盘				√							√				√	√					√			
233	考试技巧分析纸牌		√	√	√													√				√			√

（续表）

页码	方法	(1)	(2)	(3)	(4)	(5)	(6)	(7)	(8)	(9)	(10)	(11)	(12)	(13)	(14)	(15)	(16)	(17)	(18)	(19)	(20)	(21)	(22)	(23)	(24)
041	全员参与技巧	√					√			√				√	√			√							
070	总是，有时还是绝不	√				√										√									√
146	答案分析员（学习带头人）				√	√					√			√											√
167	小组提问	√	√		√	√									√										
132	假设一致									√															
118	拍卖会		√			√																		√	
245	在线打分																						√		
214	不尽如人意的答案示例	√			√												√	√	√			√			
045	排序分组											√		√											
102	关键词填空	√		√																		√			√
180	布鲁姆挑战墙			√	√	√		√				√	√	√		√	√							√	
094	棋盘游戏		√	√			√													√	√				
118	保龄球式猜想法	√					√											√		√	√				√
116	“竞跑”抽答	√	√	√			√													√	√	√			
052	庆祝成功									√	√														
182	教室挑战角				√	√	√	√				√	√	√		√								√	
183	挑战信封				√						√	√	√			√								√	
213	检查清单				√				√			√		√				√				√			
219	检查点（复习转盘）				√	√												√				√	√		√
079	选择挑战									√				√			√								

（续表）

页码	方法	(1)	(2)	(3)	(4)	(5)	(6)	(7)	(8)	(9)	(10)	(11)	(12)	(13)	(14)	(15)	(16)	(17)	(18)	(19)	(20)	(21)	(22)	(23)	(24)
206	分解法								√			√		√											
106	谜团破译		√		√															√	√				
245	重复错误编号法																		√						
155	复合答案		√	√												√						√		√	√
108	全面头脑		√				√	√				√		√						√				√	
080	教学条件模型	√			√	√			√	√				√		√	√	√				√			√
047	自信心水平			√	√							√				√		√				√		√	
074	四子棋	√				√							√												√
060	考虑所有可能性					√		√																	
134	一致性									√				√											
170	注释、评论工具		√		√														√				√		
165	创意接龙		√		√		√	√								√			√					√	
061	创意转盘		√			√		√					√							√				√	
208	文化交流伙伴		√									√	√												
163	主题辩论赛		√	√		√							√	√		√				√	√			√	
239	事后打分				√	√								√					√			√			
094	9格图布局法	√	√		√															√	√	√	√		
145	字典伙伴（学习带头人）		√											√		√									
171	在线测验网站	√		√										√				√		√	√	√	√		√
168	数字化教学资源			√				√				√				√							√		

（续表）

页码	方法	(1)	(2)	(3)	(4)	(5)	(6)	(7)	(8)	(9)	(10)	(11)	(12)	(13)	(14)	(15)	(16)	(17)	(18)	(19)	(20)	(21)	(22)	(23)	(24)
148	性情医生（学习带头人）	√			√	√				√				√			√								
101	问答接龙	√		√																√					√
208	停顿时间											√		√											
111	听课文画图画	√				√		√		√										√					
053	成绩排名									√	√														
205	巧用学习资源											√												√	
229	解读试题		√	√	√														√			√			
065	课堂结束标志				√	√												√				√			√
153	专家小组		√				√					√		√			√								
221	解释（复习转盘）	√	√	√																			√		√
086	扩展版文氏图			√	√																				
059	说出你的喜好	√				√		√							√										
234	同伴反馈表	√					√				√	√					√	√				√			
243	缩写反馈													√					√						
230	增加5分				√							√							√			√		√	
152	高效小组的5个角色		√							√				√		√									
244	关注点反馈				√							√				√						√			
085	力场分析法		√			√																			√
237	批改四步模型													√					√						
161	四向问题表		√	√	√											√			√						

（续表）

页码	方法	(1)	(2)	(3)	(4)	(5)	(6)	(7)	(8)	(9)	(10)	(11)	(12)	(13)	(14)	(15)	(16)	(17)	(18)	(19)	(20)	(21)	(22)	(23)	(24)
240	评价与鼓励挂钩				√						√		√	√			√		√						
117	画面定格				√		√													√		√			√
146	搜索引擎家（学习带头人）		√			√							√	√		√							√		
188	棒球演绎法		√		√		√		√			√		√		√		√				√		√	
240	用绿色代表成长	√			√								√			√			√			√			√
088	饼状图		√							√															
107	猜猜是谁		√	√												√								√	
204	完成一半的笔记			√								√													
125	快乐的摄影师					√		√			√					√				√	√		√		
072	蜂巢连接图学习法	√	√	√		√																		√	√
222	关键问题提问	√										√			√			√				√			
243	同伴批改	√														√									
169	虚拟课堂		√	√										√									√		
135	忽略二次行为									√															
088	进出盒子模型				√	√																			√
124	新闻报道	√			√	√		√								√								√	
190	独立学习项目				√			√				√	√			√	√							√	
148	信息调查员（学习带头人）				√	√								√				√							√
049	学生电子档案									√		√		√											
133	提示语									√				√											

（续表）

页码	方法	(1)	(2)	(3)	(4)	(5)	(6)	(7)	(8)	(9)	(10)	(11)	(12)	(13)	(14)	(15)	(16)	(17)	(18)	(19)	(20)	(21)	(22)	(23)	(24)
171	静物动态化软件			√				√															√		
187	学生兴趣清单									√		√												√	
239	只有评语		√		√											√			√			√		√	
244	分数解读法	√	√		√	√							√			√						√			√
103	抽积木答问题			√	√	√														√	√				
192	流动课堂				√				√			√		√		√		√						√	
206	生动的例子											√													
172	项目管理工具			√										√		√							√		
085	曼陀罗图			√				√						√											
108	画出来（全面头脑）	√			√													√					√		√
245	旁　批	√			√								√			√									
141	教学中的马斯洛金字塔													√											
071	矩阵模型				√	√																			
221	（演示）复习转盘	√		√				√							√								√		√
241	奖牌和任务		√		√				√				√						√						√
132	见面和问好								√	√							√								
113	记忆赛跑	√	√	√			√													√	√				
085	思维导图			√				√																	
041	不举手技巧					√								√								√			
208	做笔记											√													

（续表）

页码	方法	(1)	(2)	(3)	(4)	(5)	(6)	(7)	(8)	(9)	(10)	(11)	(12)	(13)	(14)	(15)	(16)	(17)	(18)	(19)	(20)	(21)	(22)	(23)	(24)
128	音乐线索					√		√												√			√		√
145	目标监督人（学习带头人）				√				√	√				√			√	√							
244	学生自评法															√						√			
172	灵感启发资源	√				√		√												√			√		√
120	选择站队	√	√			√	√																		
136	部分认同									√															
166	击鼓传花写作					√		√					√									√			
133	停顿和靠近									√															
243	同伴批改	√	√	√	√														√			√			
232	同伴排序	√	√	√	√												√					√			√
149	同伴表扬者（学习带头人）									√	√			√											√
205	图片线索			√								√													
224	图片引导法				√													√				√		√	√
073	照片墙	√				√																√			√
032	教学过程													√				√				√			
064	问题色子				√	√												√							√
134	积极的指导									√							√								
221	张贴（复习转盘）	√		√			√		√									√				√	√		√
120	便贴纸收集法		√					√					√			√									
239	事前打分				√	√																			

（续表）

页码	方法	(1)	(2)	(3)	(4)	(5)	(6)	(7)	(8)	(9)	(10)	(11)	(12)	(13)	(14)	(15)	(16)	(17)	(18)	(19)	(20)	(21)	(22)	(23)	(24)
045	进步轨迹				√												√		√						
207	英语非母语学生教学策略				√							√	√						√						
050	进步海报				√												√								
227	学生出题员		√	√	√	√										√	√					√			
240	用紫色代表进步				√						√	√							√			√			
069	问题盒子							√						√											
071	问题矩阵										√		√		√	√					√				√
147	问题鉴定家（学习带头人）				√	√					√			√	√										√
041	提问方式要多样化	√				√									√									√	
027	差异化教学											√	√											√	
201	流动的问题					√				√			√	√	√										
223	椅子下的问题	√													√								√		√
159	测验、测验、交易	√	√	√			√																		
234	红绿灯反应				√													√				√			√
136	修复和重建									√															
221	报告（复习转盘）				√			√										√					√		√
114	复习足球	√		√			√													√		√			√
097	开启保险箱										√									√	√				
207	支架结构法											√													
184	秘密任务	√							√	√	√	√	√			√	√								

（续表）

页码	方法	(1)	(2)	(3)	(4)	(5)	(6)	(7)	(8)	(9)	(10)	(11)	(12)	(13)	(14)	(15)	(16)	(17)	(18)	(19)	(20)	(21)	(22)	(23)	(24)
172	信息分享网站		√											√									√		
208	简短的家庭作业											√													
242	作业签收													√											
158	沉默画廊						√				√						√	√	√			√		√	√
076	成长六步法		√		√					√	√			√		√								√	
081	技能图标	√			√		√		√													√			√
147	技能挑选者（学习带头人）	√			√	√				√				√			√								
170	社交媒体		√													√							√		√
067	苏格拉底问答法		√		√	√							√		√										√
199	解决它		√		√					√				√		√									
126	特别的客人							√							√					√					
086	光谱分析图	√	√			√	√																		
160	快速约会	√	√	√			√																		√
049	学生的“突出面”											√	√			√									
123	长条木板	√					√													√	√				
243	学生范例	√		√	√						√						√					√			
156	学生辅导员									√	√						√		√						
228	总结性摘要			√	√			√								√	√					√	√		
194	学分评估法			√				√			√	√		√		√								√	
206	落笔之前讨论与思考		√		√							√							√						

（续表）

页码	方法	(1)	(2)	(3)	(4)	(5)	(6)	(7)	(8)	(9)	(10)	(11)	(12)	(13)	(14)	(15)	(16)	(17)	(18)	(19)	(20)	(21)	(22)	(23)	(24)
215	会说话的罐子											√	√				√		√				√	√	
154	谈话代币		√							√		√			√										
195	定向目标法	√			√	√			√	√	√	√	√	√		√	√				√	√		√	
242	在顶端设立目标				√									√								√			
197	10分钟教师体验	√	√	√				√					√	√		√								√	√
123	10分钟TED演讲	√			√	√		√				√				√							√	√	
112	关键词挑选	√				√																			√
109	细节搜寻法	√										√		√						√					
148	报数员（学习带头人）									√				√											
048	通过卡													√				√				√			
115	在窗户上写写画画	√					√	√	√			√		√						√					
083	思考类型卡片				√	√										√		√							√
184	扩展思考				√	√		√					√		√										
217	六项思考帽写作法		√			√								√	√					√					
159	思考—组对—全体一致—分享		√		√									√	√										
196	井字游戏											√			√									√	
087	三个水桶分类法	√		√			√								√										√
226	关键三点	√	√	√	√											√		√						√	
146	时间技师													√		√									
105	限时竞猜	√		√																√					√

（续表）

页码	方法	(1)	(2)	(3)	(4)	(5)	(6)	(7)	(8)	(9)	(10)	(11)	(12)	(13)	(14)	(15)	(16)	(17)	(18)	(19)	(20)	(21)	(22)	(23)	(24)
103	主题纸牌法		√					√			√									√	√				
122	论证交易活动	√				√	√								√									√	√
219	指示灯（复习转盘）			√	√													√					√		√
054	趋势观察													√				√							
221	微博（复习转盘）	√			√													√					√		√
215	可视器				√												√	√	√			√	√		
128	即兴画外音	√						√												√					√
098	通关符竞赛			√			√													√	√				√
147	妙语唤起者（学习带头人）									√	√			√						√					
204	单词银行											√													
129	填词竞赛		√	√				√												√					

第一章

如何制定有效的教学计划

大家或许认为只有实习教师才会花大量时间制定教学计划，实际上，制定教学计划与教学框架占据了教师日常工作的一大块时间。英国教育部在2013年教师工作时间调查中发现，中学教师每周的工作时间大约为55.7个小时，教学时间为19.6个小时，其中就有8.5个小时用于教学计划、备课以及课后评估，这表明平均每个小时的授课时长中，教师大概要花费26分钟的时间来制定教学计划。本章的目的就是为卓越课堂制定简单、有效的教学计划并提出一些有益于教师在教学环节中做出重要决定的问题。

德怀特·艾森豪威尔说过，“计划什么都不是，但它又决定了一切”，这句话对于教学计划来说也是一句真理。在课堂上，突发事件随时都有可能发生，你精益求精、细致入微准备的教学计划没准儿还没开始就已经结束了。然而，教学计划真正的益处在于它让教师思考，这种行为会贯穿于整个计划过程，最终形成教学策略。在第28页，你将看到一个教学计划表，我们称之为“五项计划”。每项都涵盖了教学计划的关键元素，提供了一系列问题，促使教师们思考是哪些方面构成了卓越课堂的教学策略。接下来对每项作出了进一步解释，并提供了两份教学计划范本。

高效教学计划的五个部分

五项教学计划极其简单实用，可随手涂改。尽管每一个部分都被编号，但计划的过程绝不是线性的。在我们思考如何测评教学成果、如何让课堂变得与众不同，甚至是在决定课堂目标之前，关于活动的想法是非常容易形成的。这里并没有所谓的正确顺序，只要每一步都基于思考就可以了。应用五项教学计划并不能保证你的课堂就是高效的，但如果贯穿计划以及思考，就会让你的课堂变得更好。

第一项：教学目标

五项教学计划的第一项是思考教学的目的与方向，更通俗地说就是课堂目标与成效。它们为我们的课堂提供方向，帮助教师和学生衡量课程的进度，激励学生积极参与整个课堂。

请看一下图1.1中所展现的第一个大框架，它表明我们现在在哪儿，从哪里来以及要去哪儿。教学目标以课堂目的为导向，而这个课堂框架则是关于一门课程、一个教学单元的内容。这一点对于学生来说很重要，他们需要对自己的学习有一个整体的了解。通过这个框架图，他们就知道课程是如何进行的，新的知识是如何与之前的教学内容相关联的。也许它没必要出现在每一节课的设置中，但它对学生定期检查自己的学习成果非常重要。和学生们分享这些信息的一种常用做法就是给学生一张检查清单，让他们参照这个清单来管理学习进度，并将其作为日后复习的参考。能够了解学习内容的类似方法还有思维导图、大事年表、蜂巢模型等等，这些教学技巧或图表都会在第二章中详细讲述。

在教学当中，有很多方法可以和学生建立、分享课堂目标。有些教师会制定两到三个课堂目标以及可以衡量其成效的课后评估方法，有些教师会将课堂目标设成一个大的问题，还有些教师会采用“所有、大多数、一些”这样的词语，这些对于我来说过于刻意了。我所采用的方法是一些简单、清楚、先发制人的问题，例如：“我们为什么要学这些？”“什么时候我需要……？”这个点子来源于佐伊·埃尔德关于优秀教学的博文。它非常直接，要求将课堂的目标和教学的成效关联起来，让教师思考课堂目标的根本意义。对于学生来说，这些目标也更加清晰、明确。

很多时候以结果为导向的课堂成效都是难以衡量的，然而，如果你的目标在于完成更加明确或可以切实衡量的课堂成效，那么就需要有进一步延展性的问题，例如，“我们了解这些是因为……”通过诸如此类的问题，我们可以直接了解、评估学生们在课堂上的进度。

第二项：差异化教学

差异化教学主要是根据学习个体或小组不同的需求提供不同的教学方法，这也是众多教学难题中最具挑战性的一个方面，第三章我们

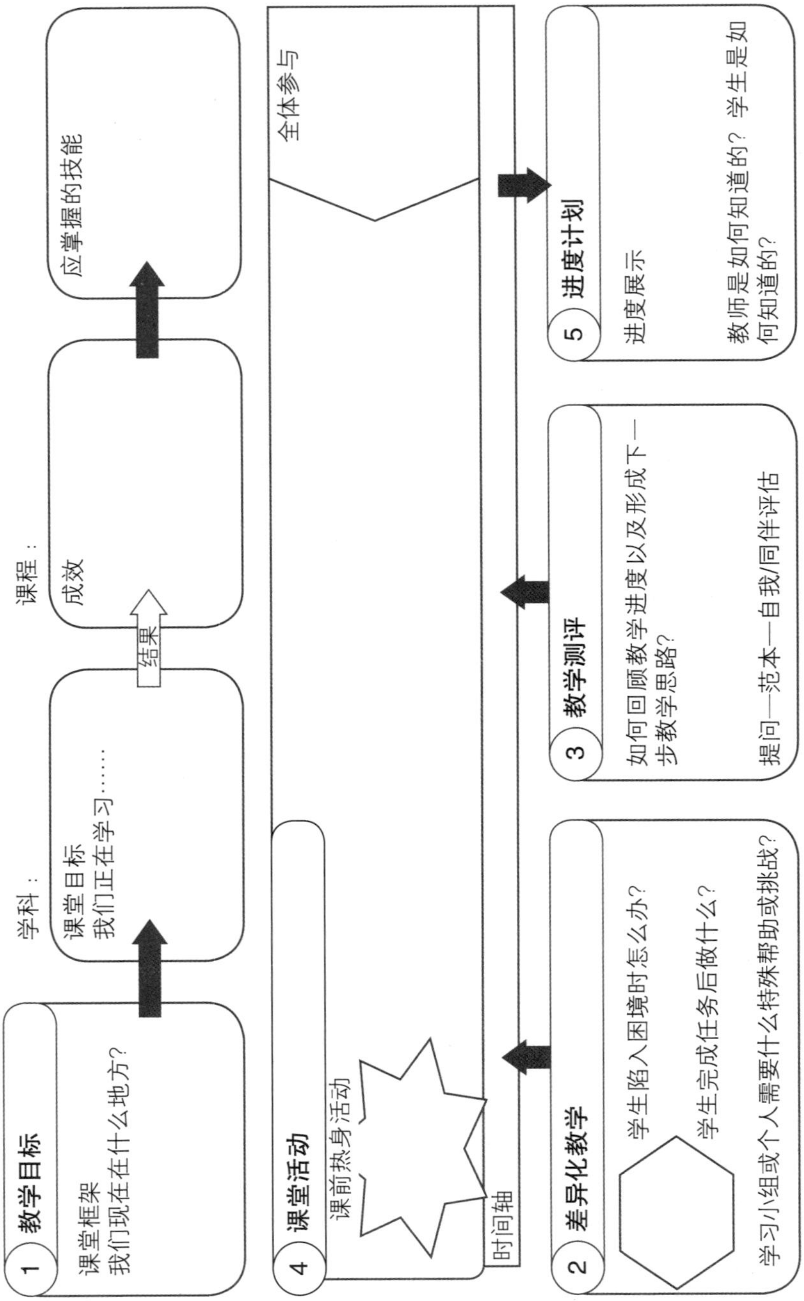
学科：
课程：
1 教学目标
课堂框架
我们现在在什么地方？
课堂目标
我们正在学习……
结果
成效
应掌握的技能
4 课堂活动
课前热身活动
全体参与
时间轴
2 差异化教学
学生陷入困境时怎么办？
学生完成任务后做什么？
学习小组或个人需要什么特殊帮助或挑战？
3 教学测评
如何回顾教学进度以及形成下一步教学思路？
提问—范本—自我/同伴评估
5 进度计划
进度展示
教师是如何知道的？学生是如何知道的？

图1.1 五项教学计划

将提供一些方法来满足不同学生的学习需求。

图1.1中第三行底部的六边形可以帮助你把课堂分成不同的学习小组或者判断出有不同需求的学生（见图1.2）。为那些有特殊学习需求的学生制定教学计划是毋庸置疑的。有些人能力强，有些人能力弱，他们都需要在制定计划时予以考虑，或者给予附加的挑战，或者提供相应的帮助。第五章会详细介绍这些教学策略，用于帮助教师对自己的课堂进行有效的分层、满足不同学生的需求。尽管为特定的学习个体或小组制定教学计划很关键，但我们要清楚最有效的差异化并不是通过扩展教学内容完成的，而是通过与学生的对话、批改他们的作业以及及时反馈做到的。因此，我们要为差异化教学做的并不是为每一节课制定明确的计划，而应该是为学习进度不同的学生提供不同的课堂准备。总而言之，在制定计划的时候，有两个问题可以始终帮助我们思考：

（1）学生们完成任务后做什么？

（2）学生们陷入困境时怎么办？

第一个问题的目的是要确保每一个学生都可以在课堂中获得适当的挑战，学生们应该在完成现有任务之后尝试更有难度的任务，比如一些拓展活动，这也可以避免所有的活动都千篇一律。第二个问题意在提醒我们如何帮助遇到困难的学生，例如，为他们提供一系列教学资源的支持。有些教师会选择使用标准的方法来回答这两个问题，他们也期待所有学生都采用这样的标准方法，这些方法通常与独立解决问题的课堂氛围紧密相联，也就是说，学生被鼓励对自己的学习负责。例如，我们都有这样的期望——在遇到不会读的字时，学生翻阅字典，或掌握了一个知识点后他们可以自己进行深度学习。“解决它”（第199页）与“教室挑战角”（第182页）这两种方法就是培养独立学习能力的行之有效的教学策略。

第三项：教学测评

保罗·布莱克和迪伦·威廉姆认为，教学测评是非常有效的工具，它提出了课堂目标的完成标准。我们通常习惯在课堂上使用总结型测评，但作为教学过程的一部分，测评的目的是帮助教师制定教学计划。有效的测评方法包括向学生们分享教学的预期成果、提问题的策略、自我评价和同伴互评以及教师反馈，等等，教学测评因此可以说是一个“晴雨表”，我们用它来衡量教学所得，以便进一步阐释及改进我们的教学。

保罗·布莱克、迪伦·威廉姆、克里斯蒂娜·哈里森等在阐释教学测评的作用时指出，教学测评在所有提高学生成绩的教学方法中名列前茅，我们在第六章会着重介绍这一方法以及各种具体的实践案例。

对于教学测评来说，提问是最简单有效的方法。提问是第五章中差异化教学的一个策略，也是第六章中教学测评的一种方法。明确地把设计提问作为教学计划的一个环节会令大家觉得奇怪，但它是我们教师应该开发的一项能力，就像学会开车或者学会系鞋带一样，我们应习惯性地做这个动作而不需要思考为什么。当然，提问远比这些复杂，我们应当努力提出一些更好的问题，同时鼓励我们的学生也这样做。流动的问题（第201页），关键问题提问（第222页），复习转盘（第219页）或者缩写反馈（第243页）可以让我们掌握多种测评、衡量教学进度的方法。就算我们并没有采用特别的提问方法，教学计划也要包括提出一些高质量的问题来引导学生思考以及指导课堂讨论。因此，教学计划框架的第三部分意在说明如何提出一个好问题（见图1.1）。

在第六章中，我们提供了一系列可用作教学测评的方法，包括自我评价、同伴互评、分享教学预期以及快速复习策略。这些方法能有效指导教学进度，但我们也要谨慎使用。我在一些课堂上观察到这样的现象——教师特意停下几分钟来回顾之前的内容，这种测评更像是一个障碍，而非有效的教学工具。我们必须牢记在课堂中应用测评并没有错，但它们应该被正确地操作。使用得当时，它可以激发学生建立自信心，指引他们走向成功。

第四项：课堂活动

教学计划的第四项是通过开发课堂资源及活动来帮助学生实现学习目标，就像你预想的那样，课堂的第一步就是课堂活动。

课前热身活动主要是吸引学生关注你的课堂。利用课前活动能够评估学生的准入门槛，便于我们切实衡量课程的进展情况。例如，帮助学生发现课后他们可以做什么，而这些是在这堂课之前他们不会做的。要做到这一点就需要同时应用课前活动和全体参与这两种策略，比如照片墙（第73页），或者让学生对你在正式上课前所阐述的某个观点进行评价。课前活动可以设计为让学生猜测学习目标，比如，在黑板上写出一个单词或播放一段和课堂讨论话题有关的音乐，赋予你的课堂一些神秘感通常能快速吸引学生的注意力。

在模块中（见图1.1），我们有一个空间是留给全体参与的。全体参与提供了一个回顾课堂目标的机会，可以巩固我们的教学成果。换句话说，全体参与不是课上完全独立的最后一个活动，用一段僵化的总结来结束一堂课通常达不到你的预期。我想说的是不要把毫无关联的活动拴在一起，而是要为课堂做一个有意义的结尾，让学生和教师同时得到满足，我们应该为这个环节制定一些恰当的教学计划。

课堂由我们所计划的这些活动和教学手段构成，第三项涉及的教学测评策略同样适用于第四项。不论你是在设计一个小组活动、学生演讲，还是课堂游戏或全班讨论，我相信这本书一定会为你提供一些好方法的。

第五项：进度计划

教学计划包括鼓励教师思考课堂的整个过程并帮助教师可视化学生的学习过程，当然，这些问题已经包含在建立课堂目标、教学测评以及课堂全体参与中了，每一部分都可以证明学生的进步以及鼓励学生成为一个积极、有责任感的学生，而如何通过学生的作业、观点或对课堂提问的答案来证实学生的学习进度也是值得我们深思的问题。

在这一部分中有两个问题，即“教师是如何知道的”和“学生是如何知道的”，提示我们思考应该在什么地方提供反馈、记录实际发生的问题。例如，我们对学生的作业进行批改、打分，这就为他们提供了一个对你的反馈进行思考并取得进步的机会。我们的测评可以直接列入计划中，这种师生间的对话也是教学过程的一个好方法。

教学进度是显而易见的，并不是每一次都需要留下真凭实据，毕竟，教学的本质是获取知识而不是收集证据。但是，这个部分中的观察、体会和记录可用于今后的教学准备中，比如之前对于某个学生或者某个成功课堂活动的记录对于今后的课堂也有一定的帮助。

五项教学计划就像是教师的助手，帮助教师思考如何更加高效，选择一些你喜欢或是对你的学科有帮助的部分。我认为没有比在课堂上想面面俱到更加糟糕的事情了，在这种情况下，课堂总是被下课铃声和无穷尽的活动驱使着，而不是被教学本身推动着。面面俱到当然好，但这绝不可能在周而复始的课堂中出现。我们不能计划所有的事情，而且事情很多时候并不总是按照计划进行，因此，只要涵盖了教学过程中最重要的一些方面，我们就可以说这是一堂高效的课。

教学计划优秀案例

课程：宗教研究——选择教皇

——路易斯·克莱恩

之前，我们已经上过两堂关于宗教研究的课。第一节是关于佛教如何定义转世活佛的，第二节是科普特基督教徒如何选择教皇的。这两节课主要是让学生对天主教徒如何选择他们教皇的过程预先有一个清晰的了解。

今天的这节课提供了许多背景知识，用来帮助学生形成自己的想法，并解决自己的疑惑。首先，让学生利用已学知识来定义“宗教/教派”。在历史课上，他们学习了宗教改革，已经知道天主教堂使用拉丁文，所以“教皇”一词的拼写方式大致相同。这节课一开始提供了很多细节，但需要学生将其串联起来。问题解决训练并不是要学生回答出正确的答案，而是激发他们思考并提出带有论据的答案。用细节拼凑“知识食谱”的任务对于学生回顾已学知识是一种非常有趣的方法，他们有一个单词表作为“知识配料”，记录下自己的想法并思考如何用简单易懂的方式表述出来，这一过程反过来又巩固了单词的记忆。

我发现有些教师经常在“知识食谱”中添加很多学生想要的“额外作料”，比如准备时间，它展现了真正的创造力。全体参与环节可以用来评估所有的学生，创造性的建议越多，就越能激发学生潜在的能力，让他们感到有所成就。

课程：用时间概念描述日常生活（西班牙语课）

——肖恩·麦戈文

七年级的学生已经学会了如何描述时间，接下来要学习在日常生活中如何运用时间概念。学生们已经学会了现在进行时的规则动词，现在要学习不规则动词的现在时，这个班级的学生是由最近法语课测评成绩为4A~4C这一区间的学生组成。

在这节课中，我们通过一些有趣的游戏学习了很多内容，这些内容都建立在已学知识的基础上。这节课的目的是在学习了时间概念之后，学生们可以用来描述自己的日常生活。

这节课涵盖了外语教学的四项技能——听、说、读、写，同样培养了学生团队协作能力、独立学习与解决问题的能力。教学难点在于如何通过教授不规则动词的隐性语法，帮助学生最终掌握写作任务。

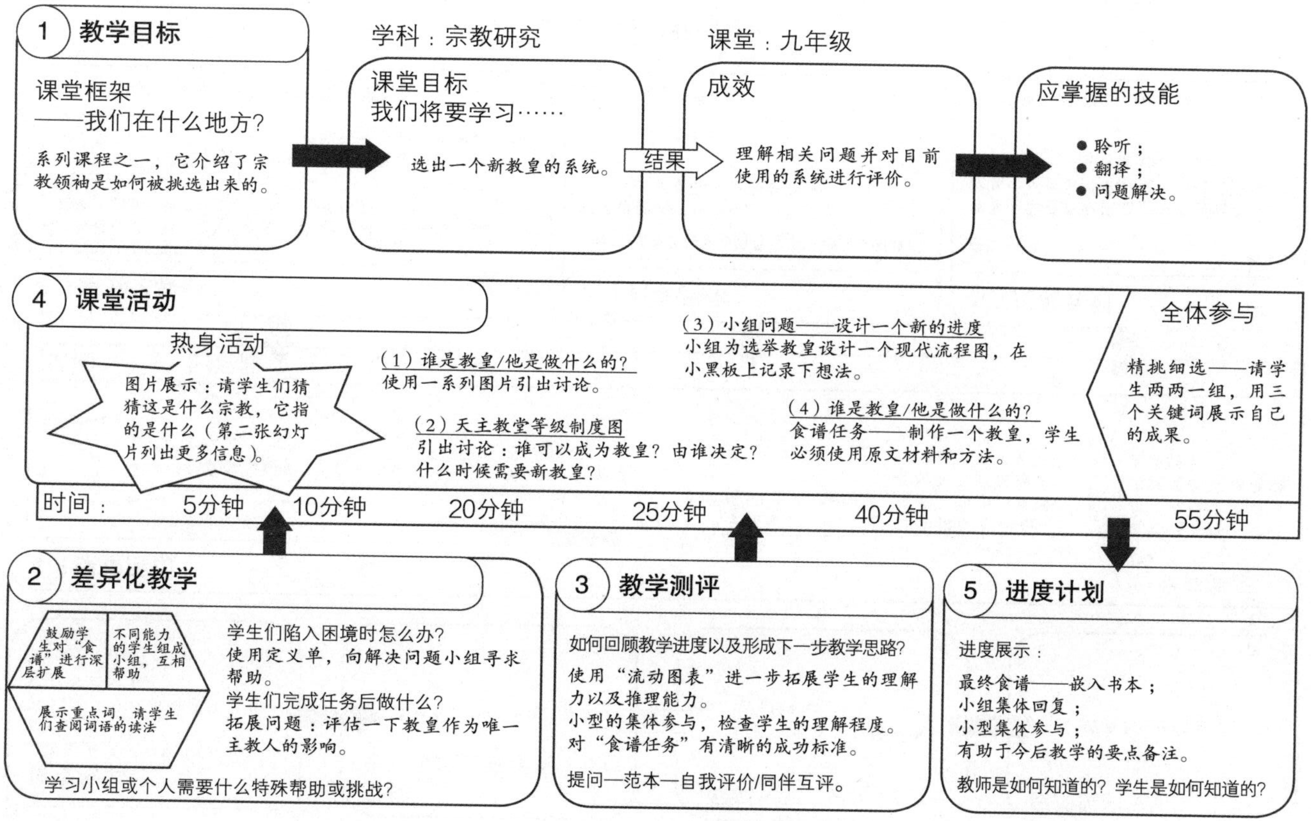
1 教学目标
课堂框架
——我们在什么地方？
系列课程之一，它介绍了宗教领袖是如何被挑选出来的。
学科：宗教研究
课堂目标
我们将要学习……
选出一个新教皇的系统。
结果
课堂：九年级
成效
理解相关问题并对目前使用的系统进行评价。
应掌握的技能
● 聆听；
● 翻译；
● 问题解决。
4 课堂活动
热身活动
图片展示：请学生们猜猜这是什么宗教，它指的是什么（第二张幻灯片列出更多信息）。
（1）谁是教皇/他是做什么的？
使用一系列图片引出讨论。
（2）天主教堂等级制度图
引出讨论：谁可以成为教皇？由谁决定？什么时候需要新教皇？
（3）小组问题——设计一个新的进度
小组为选举教皇设计一个现代流程图，在小黑板上记录下想法。
（4）谁是教皇/他是做什么的？
食谱任务——制作一个教皇，学生必须使用原文材料和方法。
全体参与
精挑细选——请学生两两一组，用三个关键词展示自己的成果。
时间：
5分钟
10分钟
20分钟
25分钟
40分钟
55分钟
2 差异化教学
鼓励学生对“食谱”进行深层扩展
不同能力的学生组成小组，互相帮助
展示重点词，请学生们查阅词语的读法
学生们陷入困境时怎么办？
使用定义单，向解决问题小组寻求帮助。
学生们完成任务后做什么？
拓展问题：评估一下教皇作为唯一主教人的影响。
学习小组或个人需要什么特殊帮助或挑战？
3 教学测评
如何回顾教学进度以及形成下一步教学思路？
使用“流动图表”进一步拓展学生的理解力以及推理能力。
小型的集体参与，检查学生的理解程度。
对“食谱任务”有清晰的成功标准。
提问—范本—自我评价/同伴互评。
5 进度计划
进度展示：
最终食谱——嵌入书本；
小组集体回复；
小型集体参与；
有助于今后教学的要点备注。
教师是如何知道的？学生是如何知道的？

图1.2　教学计划范本一

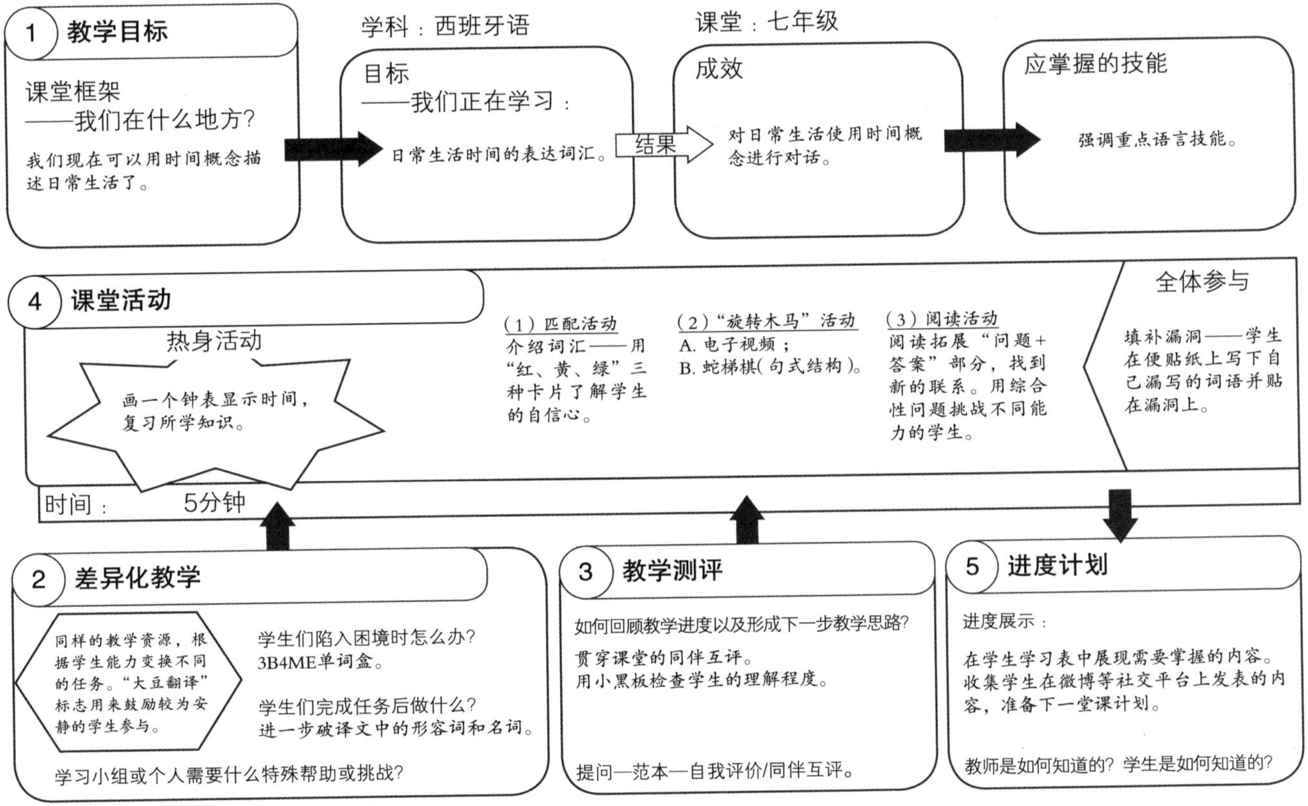
学科：西班牙语
课堂：七年级
1 教学目标
课堂框架
——我们在什么地方？
我们现在可以用时间概念描述日常生活了。
目标
——我们正在学习：
日常生活时间的表达词汇。
结果
成效
对日常生活使用时间概念进行对话。
应掌握的技能
强调重点语言技能。
4 课堂活动
热身活动
画一个钟表显示时间，复习所学知识。
时间：5分钟
（1）匹配活动
介绍词汇——用“红、黄、绿”三种卡片了解学生的自信心。
（2）“旋转木马”活动
A. 电子视频；
B. 蛇梯棋（句式结构）。
（3）阅读活动
阅读拓展“问题+答案”部分，找到新的联系。用综合性问题挑战不同能力的学生。
全体参与
填补漏洞——学生在便贴纸上写下自己漏写的词语并贴在漏洞上。
2 差异化教学
同样的教学资源，根据学生能力变换不同的任务。“大豆翻译”标志用来鼓励较为安静的学生参与。
学生们陷入困境时怎么办？
3B4ME单词盒。
学生们完成任务后做什么？
进一步破译文中的形容词和名词。
学习小组或个人需要什么特殊帮助或挑战？
3 教学测评
如何回顾教学进度以及形成下一步教学思路？
贯穿课堂的同伴互评。
用小黑板检查学生的理解程度。
提问—范本—自我评价/同伴互评。
5 进度计划
进度展示：
在学生学习表中展现需要掌握的内容。
收集学生在微博等社交平台上发表的内容，准备下一堂课计划。
教师是如何知道的？学生是如何知道的？

图1.3　教学计划范本二

在课堂上，我习惯采用“复习转盘”或是“学习带头人”策略，“复习转盘”可以在任何环节以多种形式呈现，比如，“30秒总结”、“微博式精练总结”等。

教师怎样提出好问题

纵观全书，你会发现很多教学策略的本质其实都是关于如何提问题的方法。教师经常出于很多不同的原因提出各种问题，事实上，研究表明我们35%~50%的教学时间都用于提问。尽管提问这一话题并没有独立成章，但“如何提出有效问题”的原则渗透于本书的各个章节。因此，我们有必要制定一些基本的规则以及思考在教学中如何提问的关键因素。

我们应该提出什么类型的问题?

我们可以把提问按照不同的维度进行分类，但大多数问题的目的都在于检测知识掌握的程度和学生的理解程度。比起相对低认知的问题（封闭性、以事实为基础的问题），教师会更多地提出一些高认知的问题（开放式结尾、可评估的以及具有推理性的问题，见图1.4）。1991年，威廉·维纶提供了很多项针对教师提问的研究总结以论证该论点，1998年科顿的文学评论更进一步地证实了这一观点。起初，这项统计数据得出的这个结论——为开发学生高阶思考能力与深度理解能力提出高认知问题非常重要，让教师们倍感压力，但是，科顿也总结说在激励能力更高的学生反馈或者提升学生学习所得上，高认知问题并不是绝对优于那些低认知问题的。

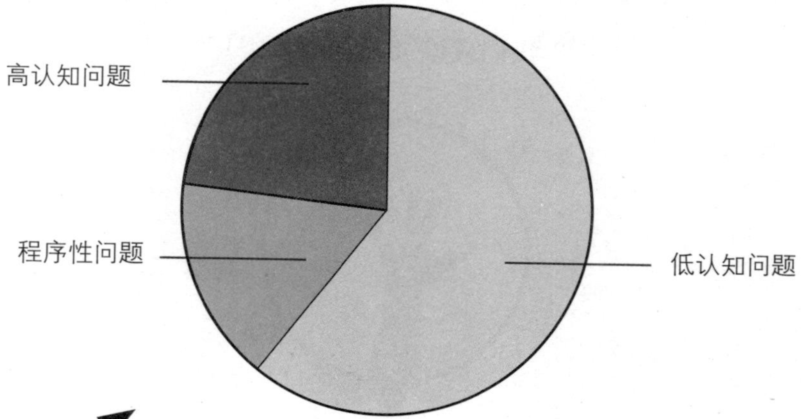

图1.4　教师提问的类型占比

尽管高认知问题被认为更有价值，但在课堂上融入低认知问题对于教学而言同样重要。

因此，我们可以首先利用低认知问题了解学生的理解程度，然后再走向高认知问题，也就是说，按照布鲁姆分类法层层递进：

- 你怎么看？
- 你为什么这么看？
- 你是怎么知道的？
- 你们都赞成吗？
- 你有理由吗？
- 还有什么其他的方法吗？
- 你确定吗？
- 你的证据是什么？

后文中的“苏格拉底问答法”（第67页）或是“问题色子”（第64页）也是鼓励反思和深度教学的原理及方法。

我们应该如何提问?

目前，课堂上最常见的还是让学生举手回答，但这种方式有着明显的缺陷。比起那些自己选择坐在角落里做白日梦的学生，更令人沮丧的是那些在角落里静静地举着手等待老师点名的学生。更直接的提问方式，比如随意挑选学生回答，只是解决诸多问题的其中一个方法，课堂实践证明用单一的提问方式提出很多问题很容易就让学生走神。

提问方式要多样化，并能让所有学生都参与其中。

不举手技巧	
“棒棒糖”棍	把学生的名字卷到棒棒糖的糖棍上，把它们放进一个杯子里，随机抽取，可以用不同颜色的棍子区分不同类型的学生。
名牌抽取机	把学生的名牌投入抽取机，随机抽出学生的名字来回答问题。
接力问答	一个学生被点名回答问题之后，由他选择其他人回答接下来的问题，或就这个问题提出新观点，提供其他答案或者补充自己的答案。

全员参与技巧	
同时亮出小黑板	学生在小黑板上写出自己的答案，教师倒数3、2、1后，大家一起亮出答案。
线索卡	发给学生一套答案卡（“ABCD”或“红黄绿”卡），由他们举起相应的答案卡片来回答问题。
展示区	在教室开辟专门的展示区，所有学生将问题的答案粘到墙板上，便于教师翻看，从而对那些有趣的答案进行点评或整体评估学生对问题的理解程度。
测试软件	利用各种类型的网络测评软件，让学生在网上答题并提交，教师收集信息，及时回复。

问题多样化技巧	
课堂框架问题	以建立课堂目标为首要问题。
多选题	什么是最好的导体？ A. 金属　B. 塑料　C. 木头　D. 棉花
观点型问题	在任何方面男人和女人都可以被视为平等的吗？
讨论型问题	经常锻炼的人身体就健康。
精挑细选	哪一个和其他的不一样？为什么呢？其中的区别是……？
排序、分类和优先处理	把这些数字由小到大排列：0.12、0.012、0.102、0.002、0.009。
由答案倒推问题	答案是180，那问题应该是什么呢？

回答问题前，我们应该给学生多少思考时间？

根据统计数据，征询问题答案之前大多数教师平均会给学生1秒甚至更少的思考时间。科顿建议比较科学合理的等候时间应该在3秒左右，越是高认知的问题，给学生的思考时间应该越长。

学生不知道答案或者回答不正确时，我们该怎么做？

我们希望给每一个孩子建立积极向上且让他们感到安全的学习氛围，“更高的挑战，更少的恐惧”是我的前校长大卫·哈德森总结的一句箴言。遗憾的是，当一个学生因为他们不知道问题的答案而看起来很失败的时候（另一个原因是我们可能又退回到举手提问的教学模式），我们的努力就会随之土崩瓦解。对于教师来说，处理错误答案的方法绝对是一门艺术，不同的处理方式可能导致两种截然不同的结果：提高学生的理解能力或者完全将他们击垮。我们欢迎那些错误的答案，因为它们有助于我们了解学生们的知识差距，为我们提供教学的另一种思路。

我们需要建立一个机制，让学生思考、恰当地参与以及多层次解剖问题，并减少他们对于答错问题的恐惧。

当学生们举手想回答问题时，请眼神示意你接收到了他们的要求，再稍等一会儿，等到更多学生举手，以营造出一个紧张的氛围，就好像说你正在挑选那名知道答案而又最值得表扬的学生。然而，举手回答的本意在于提出一个问题，而不是回答问题。对于教师来说，延长等候时间相对容易的做法是停下来倒数3、2、1，绝不要在抛出问题之前就点出回答者的名字，这样会给其他学生这个信号——此问题与我无关。你的问题同样可以通过“不举手技巧”或“流动的问题”（第201页）得到进一步提升，先前回答问题的同学可以引出后续的问题并让新学生参与其中。

等候时间可以融入各种具体方法中，比如，让学生思考、讨论、互相商量，就像第159页提到的“思考—组对—全体一致—分享”或其他任何在“复习转盘”（第219页）中提到的策略，这些方法让他们分享自己的知识、想法和观点，从而增加自信以及答对问题的可能性。一个简单的变化可以使一个观点变成一个问题，让学生们更加容易地告诉你他们知道什么——也许是一个他们为什么支持这个观点的原因，而不是一个总结性的正确答案。

当学生感到无法给出一个答案或他们给出的是一个错误答案时，教师需要给予他们进一步了解这个问题的相应支持。

（接上页）

像这种情况，你可能并不希望学生放弃回答，这就需要给予他们更多的时间，你可以这样说，“没问题，路易斯，你先想想，一会儿我再过来问你”，让路易斯有一些时间可以翻查资料或询问他的同桌，或者这么说：“好吧，路易斯，那你告诉我关于这个问题，你都知道些什么呢？”这便为他们创造了一个可能给出部分答案的机会，然后课堂可以继续针对这个问题进行讨论。当学生提出了一个错误答案时，教师应该说：“我知道为什么你会这样说。”错误的答案往往源于对概念理解有误，所以也恰恰提供了去进一步探索它的机会。事实上，我们应该更加关注错误答案的原因，而不是犯错这一事实。

使用学生数据的10个方法

学校是一个拥有丰富数据量的地方，这些数据都可以用来衡量学生的进步。在教学计划、目标设立以及衡量成效上使用数据不仅是高层管理者的需要，也是所有教师必备的参考资源。在第六章中，我们将讲解如何有效地使用测评数据做出恰当的教学决策。这里，我们首先介绍一些课堂中常用的数据。

1. 进步轨迹

很多学生数据都难以全面跟踪学生的学习情况的，特别是关于学生家长的数据，描述学生进步轨迹的可视图则非常有效且容易理解。一个学生的进步轨迹在两个阶段之间提供了一条线性的进步方向，通常情况下是在关键的阶段。进步轨迹可以在目标制定处和学生最后完成处建立连接，这种轨迹的类型通常取决于你所在学校采用的管理系统，图1.5和1.6就是不同的范例。在图1.5中，进步轨迹表明的是学生在一个阶段，比如国家教育体系第二阶段和第三阶段之间的进步轨迹。随着时间推移，我们希望学生在他们的目标阶段逐步地取得进步。使用进步轨迹的唯一问题就是教学并不是直线的，学生们非常容易脱离这个轨道，我们应该提前意识到这个问题。

图1.6为进步轨迹提供了不同的方法，基于教师对学生现有情况的掌握（测验分数、课堂作业以及家庭作业等）来预测学生的进步轨迹。进步轨迹按照预测横向排列，并在一年之中进行多点检测。进步轨迹是一个非常好的可视化数据，它可以用于激励学生的谈话中、目标的设定中以及父母晚上检查学生学习情况时，也可便于学生在未取得进步时教师及时进行有效干预。

2. 排序分组

基础评估或入门信息收集，比如期末考试成绩、阅读开始年龄等，都是有助于制定教学计划的好工具。作为起点，用基础数据进行排序是一个非常有用的方法，如图1.7所示。列出这些数据后，我们就可以制定相应的教学计划。在图1.7中，教师对学生MidYIS考试分数进行排序并把他们大致分为四组。分组是为差异化教学制定计划非常有效的方法，例如，我们可以根据学生学习能力、学习需求以及学习目标的不同来安排座位。在这里，我要非常感谢汤姆·谢尔顿提供的这个方法。

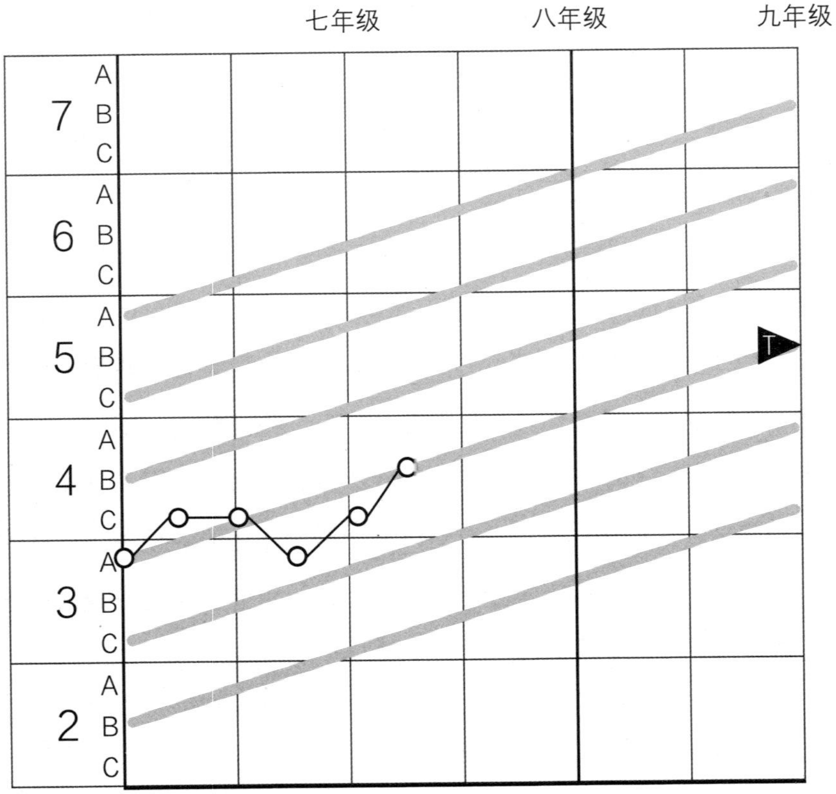

图1.5　进步轨迹　基准线

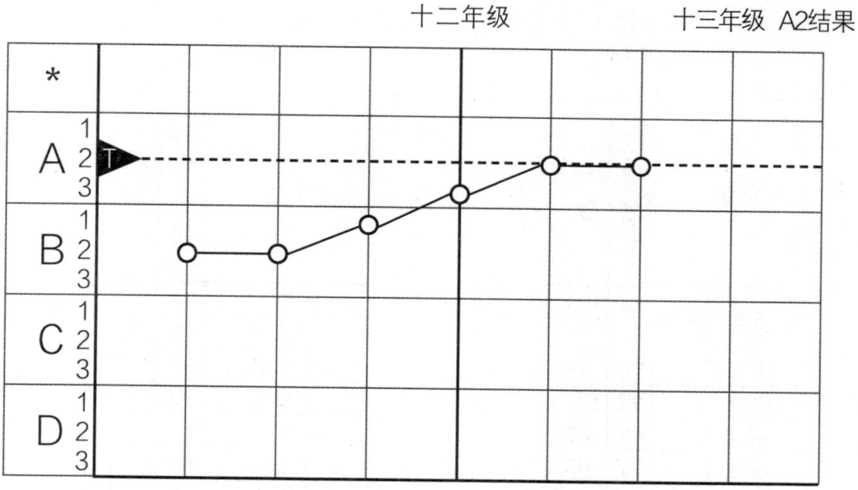

图1.6　进步轨迹　预测情况

尽管排序分组对于制定教学计划非常有用，但它绝对不是为界定你的学生而生的。我们应该对学生按照自己的节奏取得的进步不断加以评估及观察。在这里，分组是为了更有针对性地教学，只有我们把每个学生都当作个体来对待，才能更好地了解他们。

3. 自信心水平

给学生们教学大纲是非常有用的，他们可以借此了解在一个学期、一学年或者一门学科结束后自己应该掌握的知识，其中一个方法就是在每一个知识环节发给学生一个“我可以……”这样的判断清单，让他们通过判断清单来评估自己的学习情况，这些信息可以很自然地通过教学测评收集起来。在一学年中收集学生的自信心水平数据，制作分析图表并进行对比，我们能对教学计划进行回顾，补充必要的教学内容甚或重新制定教学框架。

学生	注册分组	分数
学生 A	9W	103
学生 B	9Z	97
学生 C	9Y	98
学生 D	9Z	104
学生 E	9Y	107
学生 F	9Y	98
学生 G	9W	119
学生 H	9X	136
学生 I	9Y	93
学生 J	9V	104
学生 K	9V	102
学生 L	9W	117
学生 M	9W	112
学生 N	9Z	95
学生 O	9Y	115
学生 P	9Y	117
学生 Q	9Z	92
学生 R	9Z	124
学生 S	9X	127
学生 T	9Y	90
学生 U	9X	112

学生	注册分组	分数	
学生 H	9X	136	A
学生 S	9X	127	
学生 R	9Z	124	
学生 G	9W	119	
学生 L	9W	117	B
学生 P	9Y	117	
学生 O	9Y	115	
学生 M	9W	112	
学生 U	9X	112	
学生 E	9Y	107	C
学生 D	9Z	104	
学生 J	9V	104	
学生 A	9W	103	
学生 K	9V	102	
学生 C	9Y	98	
学生 F	9Y	98	
学生 B	9Z	97	
学生 N	9Z	95	D
学生 I	9Y	93	
学生 Q	9Z	92	
学生 T	9Y	90	

图1.7　排序分组

4. 通过卡

通过卡是要求学生在结束这门课之后，能对总结性问题做出回答的一条策略。这样，教师可以收集和比对各种反馈。对于教师而言，使用通过卡非常有效，它甚至有助于制定下一次教学计划，例如，使用通过卡为下一节课预热。通过卡应该强调那些对于知识点的误解、认知差距或学生对本节课仍持有的疑惑，到下一节课时，学生们通过卡上的反馈信息被临时分成不同的小组，然后按照他们的需求完成热身活动。

5. 学生电子档案

不管何时，掌握学生的关键数据和信息对于教师来说十分重要，把所有信息整合到一起的一种方法就是电子档案。关于学生健康以及学习需求的新信息总是在一年之中不断出现。抓住、归类、保存这些信息，以便在你制定教学计划时提取非常关键。制定电子档案，首先要易于编辑，并根据能力高低用不同颜色进行归类。当我们的光标点在某个学生名字上的时候，应该同时显示该学生的学习需求，这样，电子档案就是一个活的文件夹，可以随时更新并分享给你的同事们。

6. 学生的“突出面”

这里的“突出面”，指的是学生的短板或者不足。对于使用基础数据，比如对学生进行分组的优点我们已经有所讨论，但通过进一步分析这些数据来辨识我们的学生则是更为有用的方法。通过对单词量、数字推理以及非语言能力这些方面的测验，我们可以识别出学生之间存在的巨大差异，并制定有助于满足他们学习需求的教学计划和活动。图1.8提供了在MidYIS测验中一些学生的分数，图中最右边的灰色栏中显示了四名学生的分数（国家平均水平是100分）。进一步观察这个图时，我们发现学生B和D技能中有明显的短板，也就是有“突出面”，挑出学生的“突出面”后，我们就能够针对这些方面提供更多的练习机会，鼓励他们挑战自己。

如图1.8所示，学生B在非语言技能这一项得分较低，我们可以判断出这名学生在理解诸如信息图表类的问题时存在困难，那就要从练习如何描述图表、表格或表格形式的问题着手予以指导。

学生D在词汇量这项分数较低，他应该可以从“词汇银行”或小组讨论中获益。一有机会，我们就应该鼓励这类学生尽可能扩大阅读量，事实上，以任何形式增加阅读都会让人受益无穷。

我们非常容易判断出有“突出面”的学生，但更有效的做法是与学生深入交谈，讨论哪些活动或课堂环节是他们觉得有挑战性的，我们要鼓励他们花费更多的时间练习相关的技能，并给予恰到好处的帮助。例如，从“学分评估法”（第194页）这样的系统中选择要布置的家庭作业时，我们应该鼓励学生去自行开展一些有助于弥补其不足的活动。

7. 进步海报

在教室中展示教学测评的范围及层次司空见惯，但怎么描述课堂目标是否实现，学生是否取得了进步呢？进步海报就是一个有效的技巧，它可以帮助和激励学生朝自己的目标努力前进。

	词汇量	数字推理	非语言技能	语言技能	综合分数
学生A	126	122	123	125	124
学生B	110	109	90	108	108
学生C	98	96	98	97	97
学生D	86	105	107	104	103

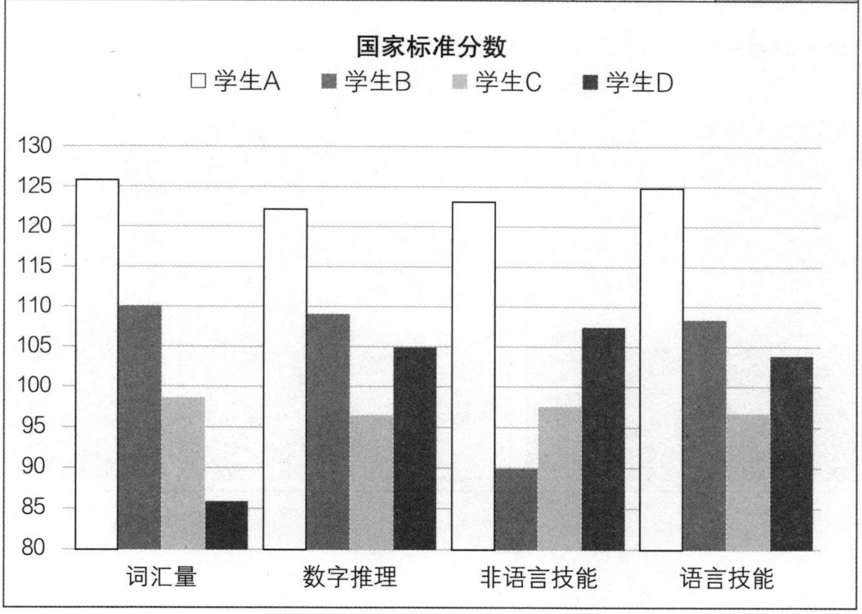

图1.8 “突出面”档案

图1.9为大家提供了一个进步海报的样本，海报分成五列，每一列都用一种颜色代表一个级别。在这个图中，每张小卡片都用一个四位数表示某个学生的名字，将其放入学生自己认可的级别栏中。数字代表谁是保密的，只有学生本人才知道。学年开始时，所有学生都从最左边的一列开始，基于他们的预测或当下的能力逐步移动自己的卡片。

这个海报可以说明每一个学生和学习目标之间的距离，根据相关的学习点随时更新，对每一个学生的进步情况都是实实在在的提醒。

当学生达成既定目标并设定新目标之后，他们的卡片可以换用一个新的颜色。进步海报是非常直观且有用的教学工具，特别是学生人数较多的情况下，比如几个班级或者整个年级一起时。

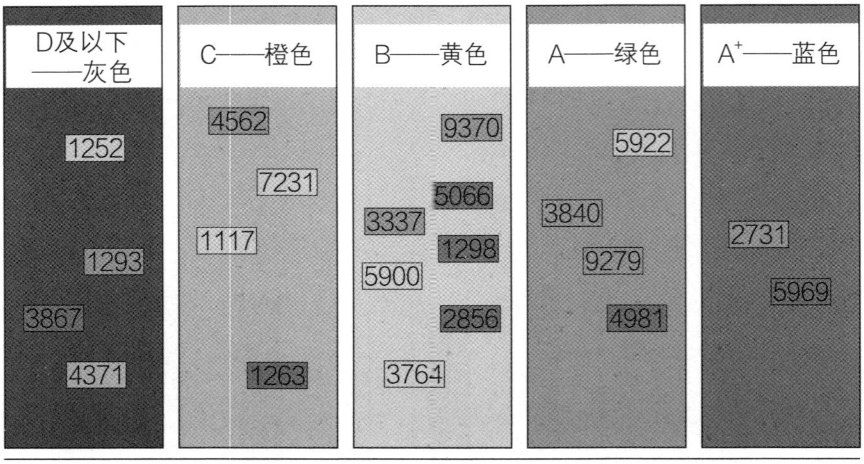

图1.9 进步海报

8. 庆祝成功

这个方法并不是为了解释和分析数据提出的，它更多的是关于如何掌握每一个学生取得的成就并最大化利用这些信息。除了你和学生们每周一起度过的教学时间外，掌握他们的其他信息对于深入了解以及和他们建立良好的关系十分重要。

这个方法非常简单：了解你的学生并庆祝他们的成功，不管是在你的学科还是其他学科，甚至是学校外他们取得的成就。

通常，一个在我们课堂上表现优秀的学生也会是那些接受最多表扬和受人瞩目的学生。我们必须尽力表扬所有学生取得的所有成就，例如学校的竞赛、体育活动、兴趣爱好、在其他学科的良好表现甚至是学校排名取得的进步，这么做代表我们在乎的是学生的各个方面，关注的是学生本人，而并不仅仅在意他们在我们教授的学科上取得的成就。这种信息可以从多种途径获得：学校的数据整理、校报、学生的自我介绍或是学生管理信息系统等。

9. 成绩排名

许多学校用收集学生成绩的方法来整理和发布学生努力的程度，在这种情况下，结合学生的表现，他们会得到不同等级的分数：1~4分。奖励分数可以在多种条件下获得，比如参与课堂活动、在规定时间完成作业或认真听课。尽管成绩排名主要是为了告诉家长们学生取得的进步，但它同样也是一个非常有用的教学工具。

成绩排名可以非常清晰地界定那些并没有达到预期表现的学生以及对表现不好的行为加以高度关注。在这方面，成绩排名提供的信息并不能算全面，但在学生人数极多的情况下，这种方法是非常有效的，我们可以从跟踪学生排名位置的变化中得到很多信息。某个学生排名的突然下降或上升是非常直观的，便于我们对那些进步较大的学生提出表扬。当然，任何一个排名系统都有它的缺点，因为有人排名上升，势必就有人排名下滑。然而，这些变化应该强调的是态度的变化，我们应该借此挖掘出哪些学生需要帮助或进行干预。成绩排名同样可以形成内部的竞争，例如，在两个学科之间、部门间可以分享各自是如何激励那些在分数上有重大提升的学生的。

成绩排名非常有用，但教师必须清楚如何恰当地使用整个排名数据和学生的分数，关键是要了解平均水平在什么地方。例如，一个学生在成绩排名中垫底，这就说明他失败了吗？

10. 趋势观察

所有的数据收集阶段都给我们提供了一个回顾学生进步、甄别重要趋势或可能形成关联的信息点，为我们的教学提供提高和修整的机会。表1.10说明了如何对整个课堂或很多学生进行采样，收集成绩数据，并做出相应的预测。

在这个表中，我们可以对学生的行为有一个直观的认识，这也是清楚界定成功与失败的重要模式。尽管不需要界定所有问题的成因，但它确实可以帮助教师关注那些需要重视的方面。在所有数据分析的案例中，大量的数据只是一个开始，我们需要通过这些数据了解学生并进行有效的师生对话。表1.10展示了学生对课堂目标的完成情况，这些包含了随之而来的课堂观察以及相关的课堂干预。

大部分的男生学习成绩不尽如人意，可能的话，你应该在课堂上使用一些对男生更有亲和力的教学技巧，例如引入竞争机制、不断的奖励/称赞。

缺勤率高的学生不能完成课堂目标，你就要为这些学生提供一些补课机会或者将他们组成小组共同学习落下的课程内容。

有一些学生已经超越了课堂目标，约见这些学生并讨论一下如何进一步制定更高的目标。如果他们的成绩已达到A^+，你就应该为他们提供更加丰富的知识。

表1.10　数据分析

KS4课堂分析

鉴别成功和没有完成任务的模型

教师	
年级	

男生数量	15
女生数量	11

目标	A^+–A		A^+–C	
	男生	女生	男生	女生
有雄心壮志的	3	5	15	11
有希望的	1	4	13	11

目前成绩	成绩预测							
	男生				女生			
A^+–A	0				3			
A^+–C	9				10			
和有希望的相比	+1		0		−1		−2	
男生/女生	1	2	7	6	2	2	5	1
特殊教育学生	1						2	
免费学生			1		1		1	
英语非母语学生			2					
出勤率<90%					3		3	

小 结

本章对教师如何应用有效的教学方法搭建教学框架、如何应用学生数据进一步改进教学计划进行了概述。提问的策略一直贯穿本书，许多教学策略都与之相关，这一点已然得到了课堂实践的验证。

制定教学计划的方法多种多样，本书既会遵循计划制定的基本原则，又会展示优秀教师的一些小窍门。我认为，方法没有所谓的绝对正确，只要能够让教学计划帮助我们积累经验并满足学生的需求就可以了。总而言之，五项教学计划的主要目的是帮助教师在制定计划时思考所有可能遇到的问题，接下来的五章我们将提供更多具体的教学技巧。

第二章
开发学生的思考技能

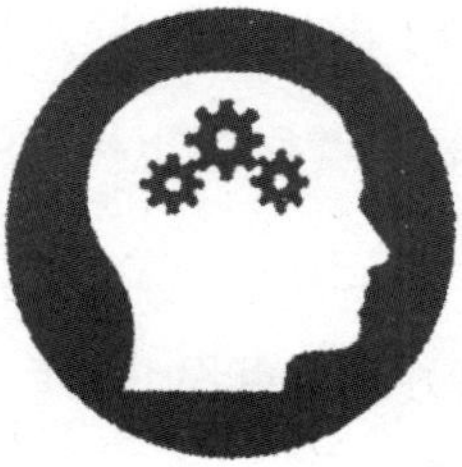

我认为思考技能应该作为学生必备的习惯和技巧，它可以带来一场有效的头脑风暴，例如，评价、思考信息以及解决问题等。“思考能力”包括元认知，即关于思考背后的思考，我们会看到有相当多的证据证明有效开发学生的思考技能是多么值得的一项工作。不管你信奉的是21世纪所需技能的论证理论，还是在财富500强中查看最受追捧的技能清单，亦或是引用以证据为基础的研究，有效的思考都可以通向成功的教学。进一步说，认知技能对于独立学习是非常重要的元素，它可以通过查阅、反思文献资料来提高学术执行力、主观能动性以及自信心，这些都是学生成为一个终身学生的基础。要想获得长期的成功，思考技能的重要性是毋庸置疑的。罗伯特·费舍尔在2013年提到：“教授思考技能的意识源于社会的不断发展和变化，100年前学校教授的那些技能不再符合当今社会的需求了。”

不论是相关研究还是我个人的经验，都表明教授思考技能是必须的教学内容。因此，我希望我的学生能够实践思考技能，以此学会设想事物的可能性、评价已有论证、鉴定他人推论，然后投射到他的学习过程中去，成为有效的学生。当思考成为一种习惯时，也就是我们做事情都遵循这个原则时，我们就找到了优秀的学习方法。

在我第一次教书的学校，我记得有一次，校长问一个教员如何改变目前十年级男生学习成绩不佳、表现不积极的现状。我们当中的大多数人都觉得应该用更积极的奖励和更热烈的表扬来提高学生的兴趣，然而，一位观察入微的同事提出，一个名叫克里的男生在课堂中的小动作才是影响整个班级的关键。克里非常聪明、深受欢迎，对同年级的男生特别有影响力。当其他学生回答问题时，克里就会抽鼻子，用老师听不清的嘀嘀咕咕来表示他对回答的异议。后来，每当注意到克里抽鼻子时，老师就会接着让克里阐述他对这个问题的观点。渐渐地，克里用抽鼻子来打断课堂的行为越来越少了，尽管没有完全解决这个问题，但这种做法确实产生了积极的影响。从这件事，我们可以看到，哪怕是微不足道的抽鼻子行为，也能破坏教师有益的教学活动。通过小事情，我们可以在日常教学中建立一些规则、标准和行为规范，从而在课堂或者学校里形成积极的学习氛围。好的思考模式应该推广到所有的课堂，就像我们都希望学生守时以及有良好行为表现一样。

本章提供的一些简单的元认知策略有助于你在课堂上建立起有效

的思考氛围，这些策略包括变换提问的方式，一些有助学生学会思考的教学活动及工具。

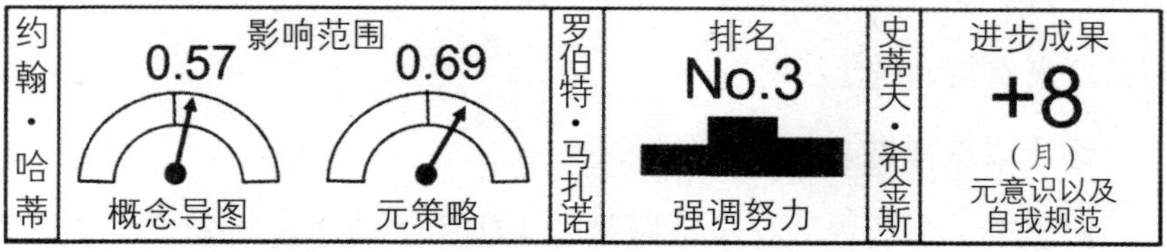

图2.1　“关于思考的思考”这个过程已被证明对学习及获得成就有着积极影响。进一步说，视觉化工具有助于这一过程顺利开展，同时学生对自我学习能力的调节也得到了充分的肯定。

如何开发学生创造性思维

当今世界都推崇个性化及独特性，在工作环境中，那些能够独立解决问题的员工通常是公司最需要的，因此，我们培养学生的创造性非常重要，其困难在于人总是容易陷入一种特定的思维模式，这就限制了我们寻找新方法或新途径去解决问题。这里，我们将介绍一些策略，帮助我们的学生进行一些不一样的思考。

说出你的喜好

“棕色的纸包用细绳系紧，这些都是我心爱的东西”……《音乐之声》赋予了我们这样的灵感：只要简单的技巧就可以让学生用不同的方式来看待现在所学的知识。比如，让学生从一些潜在的选项中选出自己最喜欢的事物，并就自己的选择阐述理由。学生们会很容易地说出自己喜欢的乐队、球队或度假村，但他们最喜欢的标点符号、经济学理论或化学元素是什么呢？不用怀疑，一个也没有，这是因为他们从未这样思考过这些事情。于是，问题应运而生——如何让学生从不同角度来看待问题。

你可以这样做

- 选择一个话题，这个话题是关于学生之前学过的知识，让他们选出自己最喜欢的一点，给予足够的时间之后，让他们写在黑板上。
- 请学生为他们的选择说出一个明确的理由。
- 找一找那些最有创意的理由，用作课堂讨论资源。

来点儿小变化

让学生确认他们喜欢的事物时，你同样可以询问他们最不喜欢的事物，甚至让他们按照喜好排列顺序并说明理由。你可以提出一些更加抽象的问题，例如，“你想与哪一个历史人物一同共进晚餐？”“你会和哪一个行星成为朋友？”

教学小窍门

要实现最佳效果，在应用这种方法时最好找一些能让学生觉得有挑战性的话题，挑选一些他们从未这样思考过的事物，如果他们显露出疑惑的表情，那你就选对了一个不错的话题。

考虑所有可能性

这个技巧将鼓励学生用不同的方式去思考学习内容。在介绍一个新话题、应用一个新的教学工具，特别是挖掘事件的成因和结果时，这个方式都是绝妙的热身活动。顾名思义，这个活动的目的是鼓励学生考虑到问题的所有可能性。在很多课上，我们都希望学生有能力识别一些事件的主要原因和结果。例如，在体育课上可能受伤，食品技术可能造就高饱和脂肪的饮食。除了简单的提问，我们还可以把问题放在情境之中，这是我最近在商业研究课堂上的一个案例：我是一个商人，现在出现了现金流的危机，那么，是什么导致我出现这一问题呢？请思考所有可能的原因。

比起简单地让学生罗列出在商业环境下可能导致现金流问题的原因，这样的提问更能发散他们的思维，最后给出范围更广的答案。

你可以这样做

• 为你选择的话题设置一个情景，然后提问为什么，例如，英国东南部的一个旅游小镇游客的数量正在减少，为什么会发生这样的情况？请考虑所有的可能性，并写在黑板上。

• 让学生们在黑板上、自己的本子上写下他们的答案。

• 在课堂上讨论每一个答案，着重强调最有意思和富有联想力的回答。

教学小窍门

告诉学生们不能提供重复的答案，制造一种紧迫感，促使他们抢先冲到黑板前写出自己与众不同的想法，这既节省了课堂时间，又能让你得到可供下一步课堂讨论的各种答案。

创意转盘

在课堂上，我有许多技巧帮助学生用不同的方式思考。“创意转盘”（见图2.2）是把大量的认知技巧融合到一起开发出的新方法，它可以应用于任何一个拓展任务中，比如开发新设计或产品，创作一个新故事等。在这个转盘的正中间是一个“茨维基盒子”，这是根据形态分析法开拓者命名的。简而言之，首先选择一个物体、问题或事件，把它分成若干基础的组成部分，将这些组成部分罗列、重组或者按照不同序列重新排序，之后，学生可以使用图中的十种技巧来引出新的想法。

你可以这样做

- 选择一个任务，比如开发一项新设计或产品、创作一个新故事或解决一个问题，请学生们提供新的想法。
- 让学生们使用“茨维基盒子”将问题或事件拆分成若干基础的组成部分。
- 讲解“创意转盘”概念和每一个技巧的应用方式。然后，请学生结合情境从中选择一个技巧。学生们应该多次使用这个转盘并至少练习三到四个技巧，直到他们发掘出一系列的新想法。
- 学生们评估自己的想法，决定行动指南。

来点儿小变化

与其一下子介绍十种技巧，不如根据教学需求着重选择一些在你的课堂上最能派上用场的技巧。例如，在设计工业中开发一个新产品时，“实践创造力”最应该被合理使用，这时，我们只需要关注与之相关的四种技巧即可。采用一些变化增加趣味性，比如，在转盘安装一个旋转螺丝，将每个技巧写在卡片上，学生转动转盘随机选择一个技巧。

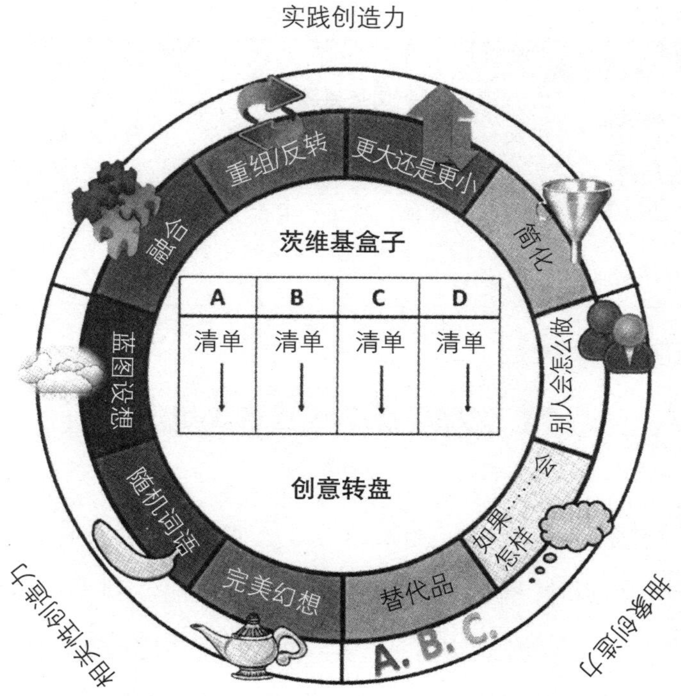

图2.2　创意转盘

表2.3　创意转盘

技 巧	描 述
更大还是更小	大一点更好吗？还是小一点更漂亮呢？
简 化	这个能更简单、流线型或更易操作吗？
别人会怎么做	其他人会用什么方法解决这个问题呢？他们会怎么做？他们会说什么？
如果……会怎样	利用联想改变文本格式或情境来形成新的想法。
替代品	还有可替换的选项吗？怎么做能有所不同呢？其他的选择是什么？
完美幻想	在完美的环境下，答案是什么呢？

（续表）

技 巧	描 述
随机词语	随机选择一个词语或者物体，思考它的含义、关联词语以及性能，把它应用到你的想法、问题或者故事中。
蓝图设想	头脑风暴毫无依据的想法，并努力挖掘它们的可行性。
融合	将不同的特征、想法和因素有机结合起来。
重组/反转	交换周围的事物可以解决这个问题吗？或者可以变得更好一些？

怎样促进学生反省式思考

培养学生对课堂教学进行反省思考是非常重要的一项技能。当学生们有能力自省时，他们就可以自我衡量和评估学习进度。进一步说，反省式思考是更有激励作用的——它可以让学生成为教学的一部分，也就是说，学习并不是被动地让他们接受知识的过程，而是他们主观能动性的一种体现。

问题色子

色子是在课堂上增加多样性的一种好方式，我之前就见过在课堂讨论中使用问题色子取得非凡效果的案例。在色子的每一面都写上可供反思和讨论的问题，需要时抛掷即可（见图2.4）。

你可以这样做

- 复制图2.4的问题色子发给学生，或让他们按照这个模板制作色子。
- 为了让所有学生都参与进来，将其分成两两一组，交替投掷色子两到三次，讨论和回答选出来的问题，然后在课堂上分享他们的想法。

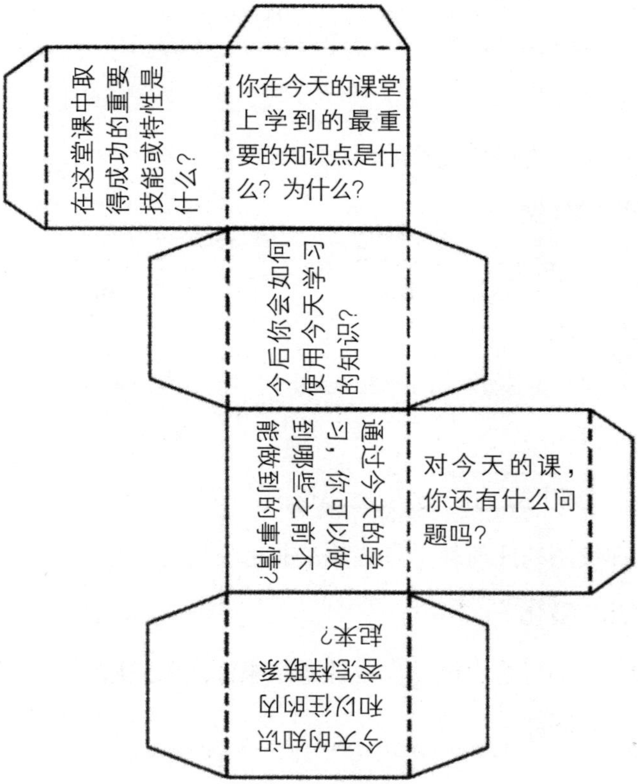

图2.4　问题色子

课堂结束标志

在我任教的第一所学校，每次开始讲课时我都会用一句话来和学生分享教学目标，这句话就是“当这堂课结束你从教室走出去的时候，你会……”这句话看似简单，却非常有力，它是对知识传递的一种承诺。学生将了解一些事情、有能力做一些事情或者思考一些事情，这些都是在他们踏进课堂时不曾了解和掌握的。一些学生在我说这句话的时候会恶作剧地模仿我的样子，但我还是喜欢使用它——作为教师，有一句可以抓住学生注意力的话是件好事。在学生们走出教室之前让他们思考其课堂所得是非常重要的，我们可以在教室门上悬挂一些标志，来引导学生进行自我评估。

你可以这样做

• 复制图2.5中的三个课堂结束标志，或者你也可以自己制作，把它们悬挂在门上。

• 在和学生分享教学目标和成效时，使用这一承诺："当你们走出这扇门的时候……"

• 课堂结束时，引导学生反思这三个标志上的问题。这种思考的过程对于你使用的任何教学方法都是非常实用的补充。

来点儿小变化

其他问题同样也可以制作成课堂结束标志来鼓励学生反思，例如，问题色子上的问题。

你知道了什么…… 是你在这堂课之前并不知道的	**你可以做什么……** 是你在这堂课之前不能做的	**你怎么想/感觉……** 是你在这堂课之前不曾思考或感知的

图2.5　课堂结束标志

苏格拉底问答法

作为教师，我们的目标之一是提出好的问题并鼓励学生针对他们研究的课题或自学的知识提出好的问题。我们认为那些好问题应该引发深层思考、鼓励高认知思考的过程，比如，分析技能、测评方式等。苏格拉底首先开发了问答法的艺术并第一个公开表示问答法是教学最重要的基石。苏格拉底问答法的背后是哲学以及对课程核心的严肃思考，它们为探索课堂教学提供了一个更深层面的框架。在课堂上结合苏格拉底问答法有助于我们挖掘积极的、独立的学生。下面是苏格拉底问答法的六个部分：

1. 阐述性问题，例如，“你为什么这么说？”“可以进一步解释一下吗？”

2. 挑战假设性问题，例如，“这种事情通常是这样吗？”

3. 探索理由、原因及证据的问题，例如，“你可以证明一下吗？”“有什么理由怀疑这点吗？”

4. 评估替代性观点或角度的问题，例如，“这样说可能会怎样？”

5. 检测启发或结论的问题，例如，“如果这样，会发生什么？”“它是如何对……产生影响的？”

6. 质疑问题本身，例如，“你觉得为什么我要问这个问题？”

苏格拉底问答法是一个可以引发学生深层思考的系统方法。

你可以这样做

- 复制苏格拉底问答法的任务表（见表2.6）发给学生。
- 在第一行空白栏，让学生写下一句关于自己所学的简短总结。

• 让学生参照表中的提示写出自己的问题，或者你也可以采用上页的一些例子提前布置好这些问题。

• 学生两两一组或者全班分成数个小组，讨论他们自己提出的每个问题。

来点儿小变化

这种方法同样可以用来评估之前所学的知识。这一点很重要，在学习一个较为熟悉的课题时，学生通常会产生自己的观点，苏格拉底问答法对于挑战合理性、发现问题的不同视角以及假设各种可能是很有实际作用的。

教学小窍门

尽管这种方法行之有效，但它并不是一蹴而就的，掌握这个技巧需要花费一些时间。

我们首先需要向学生介绍苏格拉底这个人，并且明确为什么这种技巧是有用的，组织学生讨论一下表2.6最上方引文的意思即可。

表2.6　苏格拉底问答法

苏格拉底问答法 提问是唯一可靠的教学形式。——苏格拉底
针对今天的课，总结你了解了什么，以及你的想法和感觉。 你学到了什么？

（续表）

现在，使用苏格拉底问答法对所学形成更加深刻的理解。
阐述性问题：
探索理由和证据的问题：
评估替代性观点或角度的问题：
检测启发或结论的问题：
关于问题/话题本身的问题：

如何培养学生高阶思维

本杰明·布鲁姆的课堂教学与目标分类法一直是结合不同层面开发理解力的教育理论基础,至今它还是英国考试体系的评估标准。分析、综合及评估的技能要求学生具备高阶性思考能力，接下来的一些教学策略可以帮助学生培养这项能力。

问题盒子

你有没有因为需要赶教学进度而暂停和学生们关于某个问题的讨论？有时候考试型教育体系的压力迫使我们不得不为了完成指定的教学内容而忽略学生提出的可能更适合你教学的问题。发生这种事情是令人遗憾的。往好了说，这会抑制学生的好奇心；往坏了说，就是切断了他们和课堂教学之间的联系。

你可以这样做

• 把一个鞋盒或一个简易的信封钉在墙上，学生们可以把自己的问题投放进去，确保每一个提问的学生都写了自己的名字，便于你掌握这些问题来自哪位同学或哪个班级。

• 有规律地查看这个盒子并在你的课堂上抽出一些时间来讨论这些问题及答案。

教学小窍门

刚当老师那会儿，我曾经被告知，如果一个学生向你提出一个问题，哪怕正好是你最擅长的领域，你都要先表示不清楚问题的答案，展示你找出答案的途径并在今后的课程中帮助他们自行解答，这样做可以显示你非常在乎他们的问题，并愿意通过学习来帮助他们解决问题。

总是，有时还是绝不

问题的基本形式就是判断对与错，然而，不是每一个问题都有明确的答案，因为答案经常依赖很多因素。让学生们思考“如何做”以及“为什么”的方法就是“总是、有时还是绝不”策略。

你可以这样做

• 选择一个话题，它的答案是不确定的，视情况和内容而定。

• 设计一系列问题，它们的答案分别是“总是、有时和绝不”三种类型，例如：

- 锐角都小于90度吗？（总是）
- 锐角大于两个钝角之和？（绝不）
- 钝角和锐角之和大于180度？（有时）

这些都是相对直接、可以通过逻辑思考回答的问题，最好的问题应该是那些可以体现出学生观点的问题，例如，“偷窃行为是对的吗？”有些学生的回答可能是“绝不”，但有些可能回答“有时”……现在开始一场辩论吧。

结合第120页的“选择站队”一起进行效果更好。

问题矩阵

吉卜林的诗《六个忠实的仆人》中这样写道：

我有六个忠实的仆人，

他们教会了人类所有应该知道的，

他们的名字是“哪里”、“什么”、“什么时候”，

还有“为何”、“如何”以及“谁”。

问题矩阵是由查克·韦德赫德博士开发的，将吉卜林“六个忠实的仆人”放置在一个设计好的矩阵中可以帮助学生和教师提出更加有效的问题。这个矩阵包括36个正方形，每一个正方形都被标记为一到两个单词的问题。问题矩阵可以展现出不同类型的思考是如何得出答案的，例如，一个关于“是什么”的问题倾向于引出回顾、陈述事实的答案，而“如何做”这样的问题可能趋向于开放性结尾、具有推测性的答案。问题矩阵在帮助学生形成自己的思考技能方面非常有效，它可以极大地拓展、提升学生的学习能力。

你可以这样做

• 将问题矩阵投影到黑板上或者把它作为讲义发给学生，便于他们阅读和观看那些促进自身学习的诗歌、故事、案例以及视频。

• 与其为学生们设立一大堆需要回答的问题，不如让他们使用问题矩阵来提出自己的问题。

• 让学生挑战一些能拓宽他们视野和知识面的好问题。

• 如果有时间，请学生尝试回答自己提出的问题，或者用这些问题来“考考老师”。

来点儿小变化

按照难度和深度把这些问题分成不同的类型，例如，将矩阵最左上方的问题作为第一阶段，难度从矩阵的左上角到右下角逐一递增，最右下角的问题可以是第六阶段，学生们则需要为他们的课题提出6个相关的问题，交换回答，教师可以根据回答问题的质量给予学生相应的表扬。如果学生在每一个阶段都提出了相应的问题，那么你需要用一个评分机制来进行反馈，比如，将6个问题总分设为18分。

问题矩阵结合“小组提问”（第167页）、“照片墙”（第73页）以及“特别的客人”（第126页）这三种方法使用更加有效。

蜂巢连接图学习法

蜂巢连接图学习法和思维导图非常相似，它要求学生把知识分成不同的部分并且挖掘彼此之间的相互联系，以便通过梳理概念的内部关系增加对问题的理解。

在过去的教学中，我总是让学生用线条连接关键词和话题，使用六边形卡片能使其看起来更直观，颇具独创性的一步就是达米安·克拉克的六边形法则，它自然地吻合了蜂巢模式，可以最大限度地连接相关的六个课题（见图2.11）。大量的关键词和课题被陈列于六边形卡片上，造就了一个奇幻的视觉效果，让学生们有机会挖掘它们之间的相互关系。

你可以这样做

• 做出六边形状的空白卡片，准备一系列课题，或与多个课题有关的关键词。

• 学生两两一组或多人一组，用纸片上的词语和课题名称制作相关的蜂窝状连接图。

• 完成自己的蜂窝状连接图后，学生自己解释这样连接的原因，值得关注的是三个六边形相遇就可以提供一个挖掘因果关系的机会。

• 最后，学生把卡片订起来，用作复习材料。

来点儿小变化

蜂巢连接图学习法并不需要作为连续性的课堂活动，但建立蜂窝状连接图的思路可以有多重变化。比如，使用课堂演讲软件或者教学应用软件将这些图形在屏幕上移动展示。每当有新的概念、关键词或课题时，就在你的图表上加入新的六边形。课堂结束时，让学生走上讲台，重新排列蜂窝状连接图，其他同学可以提供帮助，但更重要的是，大家一起讨论这些六边形图的相互关系。随着时间的发展，他们可以建立一个更大的图形，这是非常棒的复习资料。

照片墙

就像蜂巢连接图学习法一样，这里还有另外一种可以让学生思考内部关系的教学策略——照片墙，但它采用的方式可能更加抽象。在任何情况下测试学生在课堂上对于某些问题的关联性理解时，照片墙这个方法比起蜂巢连接图学习法都更易于操作。

你可以这样做

- 使用演讲软件，创造出一个由10~15张图片组成的照片墙。
- 每一张图片的目的都与另外一个学习领域有联系。例如，一幅人群熙攘的图片可以代表社会，一幅树的图片可以代表自然或者环境。仔细斟酌这些你挂在墙上的照片，因为它们会引发学生自行建立的联系。
- 在一个话题或课堂的结尾，展示照片墙并给学生们设置挑战：找出尽可能多的联系。
- 当学生鉴别出这些联系时，让他们向全班同学阐述自己的所思所想，表扬那些有含金量的解释。
- 图2.7是我最近在商业研究课堂上使用的三幅图片，这堂课是关于市场营销的，我的学生做了如下连接（见图2.7中的文字）。

来点儿小变化

给学生们一系列用A4纸打印的图片，让学生剪下图片并创造一个关于这个话题的故事链，所有图片完成后可以看看谁拼接的故事链最长。

此方法与第41页“精挑细选”结合效果更佳。

四子棋

这项活动和蜂巢连接图学习法相似，它的目的也在于鼓励学生将课题和概念建立关联。然而，四子棋法要求学生清晰地在连贯的文字上建立联系，并形成有逻辑的句子。这项任务可以对每一个学生进行个性化定制，或者随机分配，在变化中逐渐增加难度。在一个概念是另外一个的成因或结果时使用这个方法效果会特别好。

你可以这样做

• 从一个课题或知识点中选出7~10个单词或概念，罗列在一个清单上，把每一个单词/概念进行编号，但不要向学生展示编号对应的单词/概念。

• 让学生从中选择四个编号，并把编号写在纸上，这样可以防止他们互相交换拿到的单词。

• 显示编号及其对应的单词/概念，在把这些单词/概念串联成有逻辑的句子之前，学生需要把自己拿到的单词/概念写下来。

• 任务完成之后，让学生在课堂上读出他们的答案，并进行讨论。

（孩子）——市场营销人员用不同的营销手段来吸引小朋友的注意，例如，他们在一天当中分时段地播放广告，并且采用比较鲜艳的色彩。

（天平）——在商业领域里，有一些法律是关于广告的，这些是不可以被打破的。例如，商标识别法规定广告不能涉及产品没有的属性和范围。

（微型集成电路）——大多数企业现在使用大众传媒作为与客户交流的渠道，例如，脸书或优酷，短信直销也是一种价格低廉且更贴近目标客户的营销手段。

图2.7　照片墙

来点儿小变化

对于这个任务，我们还有一些方法来增加多样性和挑战性。

• 增加单词/概念的数量，比如每一个学生挑选五个、六个或者七个。

• 教师提供由四个一组组成的几组词语，并让学生们基于难度的不同，尝试把它们组成具有逻辑性的语句。

• 把这个活动做成一个井字游戏（第196页），让学生选择一个或多个词语连接（每一行连接着三个单词/概念）。

• 加入更多的形容词和副词，例如，四个关键概念和四个形容词。

怎样提升学生发散性思考能力

在第一章中，我们探讨了这一观点：我们不仅要教会学生知识，而且要为开发学生学习技能并使之成为高效学生创造条件。在卓越的课堂上，这些技能可以通过学生与学生、学生与教师以及活动和课程间的相互影响自然推进，我认为我们应该在任何可能的情况下识别、强调和推广这些技能。当学生掌握甚至可以评价这些技能，明白如何养成顺应力、合作精神等积极向上的学习习惯，他们就能不断地学习和采用这些技能并在未来的社会中走得更远。

成长六步法

卡罗尔·德韦克博士关于固定思维模式和成长型思维模式的著作可以说是家喻户晓，为帮助学生培养积极的学习态度，可对书中内容加以借鉴。

坚信你的素质、性格或智商一成不变，这就是固定思维模式。如果你认为自己只有注定的智慧、性格或品德，那么好吧，你最好证明这些你都有“健康的剂量”。反之，成长型思维模式则坚信你的基本素质可以通过你的刻苦努力和坚持不懈培养起来。

安吉拉·达克沃斯等人提出了一个新论点——决心，它包含在例如努力刻苦、坚持不懈这些概念之中。事实上，达克沃斯等学者发现：“在每一个领域，决心可能和智慧一样，都是通往高成就的基础。”

既然成长型思维模式和决心对于成功来说至为关键，那么我们应该怎样在日常教学中强化这些品质呢？我发现在校园生活中，学生要么回归到固定思维模式中，要么是在通往成长型思维模式的路上。我将学生在日常学习与生活中面对的事情分成六类，称之为成长六步法（见图2.8）。如果学生们可以识别这些事件，他们就可以做出有意识的决定。

陷入困境

每天你会听到多少次诸如此类的话：“老师，我不知道该怎么办了。”“老师，我没有听明白。”通常，这种叫嚷着“投降”的时刻发生在学生学习新内容或刚刚阅读教学说明的时候！陷入困境是第一个教学交界点，也可能是日常教学中最常见的突发状况。听到他们叫嚷着寻求帮助时，请脸带微笑并充满热情地说“非常不错”。在说之前，先享受一下学生脸上流露出来的疑惑表情，这意味着你在提供一个成长的机会。克服障碍是学习新知识的关键，所以我们要鼓励学生直面障碍和问题，这是一个拓展他们大脑思维的好机会，而不是他们不能完

图2.8　成长六步法

成这件事情的标志。

挫折教育

挫折是指学生在自己设立的目标下没有达到预期的效果和成就，他们可能会把这看成一种失败，进而会伤害甚至摧毁他们的自信心。作为教师，让学生意识到他们的能力并不等同于现在的分数是非常重要的。如果学生设立的目标成绩是C但这次只得了D，你要做的就是指导他思考做些什么才能确保下次可以实现目标。

赢得胜利

成功是一个存在异议的问题，我们应该小心对待和处理。所有人都想取得成功，不是吗？毋庸置疑，作为教师，我们都想培养出成功的学生，那么，就要高度关注学生取得的任何成就。比如，学生成功地完成了某项任务，得到了一个令他们较为满意的分数，或者达到了他们所预期的得分等等。在这些情况下，称赞这些成就是必不可少的。然而，引导学生进一步思考诸如“我做到最好了吗”、“我足够努力了吗”、“我挑战自己了吗”、“我还能不能做得更好”、“我的目标还可以提高吗”之类的问题更加重要。

选择挑战

通常，我们都会选择去完成那些我们知道如何完成并可以取得成功的任务，但这些都不能帮助我们进一步发展、学习和成长。我们应当鼓励学生挑战自我，他们可以从中受益，尽管完成这些挑战可能会花费更长的时间或面临更多次的出错。

接收反馈

在固定思维模式下，学生接收到的反馈通常都是批评，他们往往会忽略反馈，因为这些反馈会打击他们的自信心。毕竟，如果知道自己在这次测验中表现得不尽如人意，你当然不愿意由别人说出来。然而，反馈是进步的指引，我们必须尽我们所能帮助学生意识到反馈是对未来成长的积极催化剂。

合作学习

对一些学生来说，和他人一起学习让他们感到恐惧，因为他们会被比较，错误也更容易暴露。关于合作学习，有两点是我们必须传达给学生的：第一，他们唯一要战胜的对手是自己。每一个人都在自我学习的旅途上，他们只需要关注自己的学习节奏。第二，学生们需要从其他人那里得到灵感。如果某些人比他们做得好，那就是说，做得更好是有可能的。他们应该抓住向别人学习的每一个机会，以取得更大的进步。

你可以这样做

• 从网站上下载图2.8中的六个图标和相关材料，向学生介绍相关概念。

• 展示这些图标，当学生认为自己在某个交界点时，可用来提醒他们采用积极和正面的态度。

• 简单的强调，比如："成长型思维模式的学生应该做什么呢"是一句非常管用的话，它可以让学生思考为了持续进步应该采取什么样的选择。

教学条件模型

作为教师，我们常常探讨关于学习的原则——那些我们在课堂或整个学校推广的普遍达成共识的教学原则、技能或价值观。很多学校在他们的课程中就包含了其渴望获得的人类特质以及终身学习的能力，也就形成了自己特有的价值观、个性特点以及它们拥护和推崇的技能。"教学条件模型"能让教师和学生对渴望的技能建立起更直观的认识，使用这个模型可以在每节课上强化学习态度和行为，它包含以下三个要素。

• 性情——成功人士表现出来的习惯和性格特质。

• 技能——我们成为高效学生所需要的技巧和能力。

• 障碍——妨碍教学的内外部因素。

你可以这样做

• 教学条件模型可以以你自己为中心来设计，或者邀请学生们共同参与。

• 选择一些性情、技能和障碍来建立并丰富你的教学条件模型。图2.9是参考样式。在这个图中，障碍被显示为一堵墙，它们是阻碍卓越教学的一些因素，而技能和性情则作为卓越教学的条件在图中显示。

• 完成教学模型后，你可以在班级或学校进行展示，向那些深陷学生计划困扰的教师推广这个可以反映学生学习进度的实用工具。

来点儿小变化

教学条件模型的形式可多变，不局限于图2.9的样式，你甚至可设计成一个三角形，将“卓越的教学”放在中心位置，模型的三个关键因素形成三角形的三个角，障碍则放在最上面。另外，要使设计更加美观可以使用曼陀罗图（第85页）。无论如何变化，“卓越的教学”要始终放在中心位置，而技能、性情与障碍放在外沿的三个边角处。

教学小窍门

制作好教学条件模型后，你会发现可能包含许多近义词而显得内容繁多，把它们整理成组并概括成一个词，这个词可以总结一系列的想法，例如，回弹力可以包含坚持不懈、决心与精神，这样你的模型就会精简许多，一目了然。

技能图标

这是一个非常简单的方法，可以帮助你推动例如“成长六步法”与“教学条件模型”这两条教学策略的实施，是在课堂上创造分层思考的简单、灵活的教学资源（见图2.10）。

你可以这样做

• 列出那些你想在卡片上推广的技能和价值观，然后在课堂上展

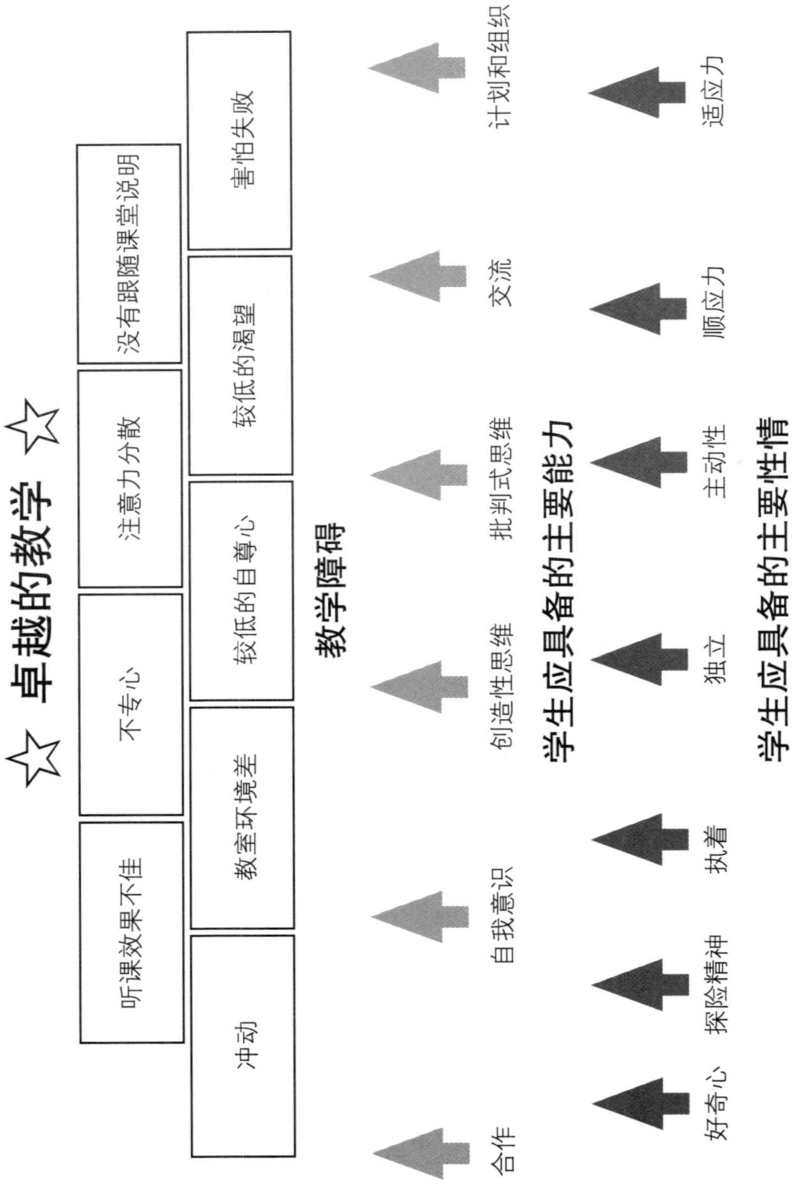
卓越的教学
听课效果不佳
不专心
注意力分散
没有跟随课堂说明
冲动
教室环境差
较低的自尊心
较低的渴望
害怕失败
教学障碍
合作
自我意识
创造性思维
批判式思维
交流
计划和组织
学生应具备的主要能力
好奇心
探险精神
执着
独立
主动性
顺应力
适应力
学生应具备的主要性情

图2.9 教学条件模型

示给学生，可以不用文字，而是用徽章来展示。

• 在课前热身或课程结尾，让学生选择一些他们认为获得成功的必要技能、性情与阻碍成功的障碍等，并为自己的选择阐述理由，之后在课堂上公开讨论。

• 从之前的课堂中找出一些学生表现出的态度和行为，布置一个任务，引导学生论证哪些态度和行为可促成成功，哪些可导致失败。

图2.10　技能图标

教学小窍门

在学生完成任务时，我们经常坐在后面观察他们是否参与了活动，是否可以协作完成——有时候他们并没有。当事情没能按照预先计划进行时，我们这里提到的教学策略就能有效地凝聚课堂与学生。不妨稍微停一停，重新与学生探讨那些有助于他们获得成功的课堂态度和行为。

思考类型卡片

这是一个非常简单的教学资源，它可以用来鼓励在元认知和思考过程中进行有效的对话。它由40张简单的动词卡片组成，连接着关键的学习技能及思考过程，例如，对比、假设、证明和排序等。这些卡片可以整套使用，或根据课堂实际情况选择一些使用，你可以通过结合下列问题使用它们来激发学生分层思考的能力：

1. 你打算怎么做这项任务？选出一些卡片代表你思考的类型，并举出一些你采用这种思考方式的例子。

2. 对这些卡片进行排序，展示你思考的过程和层次：你首先做了……，然后……

3. 就“完成这项任务最重要的技能是什么”这个问题达成共识，按照重要性的不同把你使用的技能按次序排列。

4. 选择一张卡片代表你认为最简单的一种思考方式。

5. 选择一张卡片代表你认为最困难的一种思考方式，为什么你觉得它对你是有挑战性的呢？什么能帮助你应付这个挑战？

6. 选择一张卡片代表你今天新学到的思考方式。

7. 你还在其他什么地方应用过这些技能？选择一张卡片，代表你曾在其他课上使用过的思考方式，你可以说明一下当时你用这个思考方式做了什么吗？

8. 其他什么地方还可以用到这些技能呢？选择一张卡片代表你认为可以应用到不同课堂的思考方式。

最有效的10个教学组织图

我是一个视觉爱好者，只要条件允许，我都喜欢使用图表和图片。组织图（见图2.11）是非常好的教学工具，它们可以让我们在纸上或屏幕上表达我们理解和思考的过程。以下是我最钟爱的十种组织图类型。

1. 思维导图

思维导图是一个经典图，托尼·布赞的这个发明用于复习以及和学生们分享重点非常有效。它能将学生需要掌握的知识点浓缩到一页纸中，而用关键词和图片总结这些信息的过程本身也是一个非常有价值的练习。

2. 力场分析法

这个名字听上去非常潮，它是一个帮助学生做决定的简单工具，我习惯称之为决策图。使用力场分析的过程需要包含事物的作用力与反作用力。换句话说，综合考虑事物的正反两方面后做出决定。图2.11中的图2，事物被放在中心区域。每一个作用力（成立理由）在图左边用箭头指向中心区域，反作用力（反对理由）则在图右边用箭头指向中心区域。每一个作用力按位置放好后，学生要根据作用力影响的大小给它们打分（5~10分）。与此同时，他们可以针对每一个作用力对于决策的重要性和影响力进行讨论。最后，把每一个作用力的分数相加，中心两边的分数差就可以形成一个决策。进行总结的时候，提供一个相对平衡的观点或者界定最重要的影响因素都是非常重要的技能。

3. 曼陀罗图

就像思维导图一样，曼陀罗图（见图2.11）也是一个非常实用的教学工具，它可以选取一个话题或一门学科，将其拆解成基本的教学组成部分。在曼陀罗图中心，我们有一个焦点或原始的观点，从中心向外移动，每一层都代表一个新方面，而这个新方面又可以进一步被拆分成各个小节。作为树形图，曼陀罗图的强大功能在于把我们知道的知识进行分类管理，有助于我们对一个科目的深入理解。给学生提供一个空白的曼陀罗图，把你事先准备的关键词从图中移走，只让他们把关键概念填到相应的位置。这样做，一来可以避免学生因为不正确的填写而不得不重新来过，二来能激发学生在把所有元素放到正确的位置之前，进行讨论和周密的计划。

4. 光谱分析图

光谱分析图（见图2.11）是在处理分层问题方面特别好的教学工具。例如，在分析难度的层次、对某个知识点的学习信心、某个人物性格的变化等具有连续性特征的事物上非常有效，它也可用来在班级中评估想法和观点。进一步说，你可以把光谱分析图变成一个生动的活动，让你的学生跟着行动起来。在黑板上绘制一个光谱，在两头标注两极，交给学生一把标尺，这样他们可以将线上的任何一点作为起点。在课堂活动的最后，你可以在班级上引出不同观点的讨论。还有一种更活跃的形式，把学生带到走廊上，让他们想象一下在两面墙之间出现的光谱并站在连续光谱上的某个位置，借此来测试学生们的选择。

5. 扩展版文氏图

文氏图是学生在进行关系和性格比较与对比时常用的好方法。在很多学科中，对比多种不同因素是非常重要的考试技能，使用文氏图更加直观与清晰。文氏图（多个重叠的圆圈）的唯一问题就是它通常只留下一小处空白可以写信息，一旦你在重叠部分记录文字，整个图就会显得繁冗而凌乱。我发明的这个扩展版文氏图，用直线连接圆圈，既保留了原有的关系，又留出了更多空白可做记录，并且随着时间的推移可以建立越来越多的连接（见图2.11）。

6. 三个水桶分类法

三个水桶分类法（见图2.11）是亚当·摩根在2004年提出的一个信息分类法，它的操作过程非常简单，就是将组织方法、任务或信息分成三类后按照类别进行处理。这个概念源自商业领域，但它同样适用于教学。例如，当学生复习时，三个水桶可以分别被贴上“需要巩固的”、“需要复习的”和“没有头绪的”标签。给任务比如功课、家庭作业以及测评分类时，三个水桶可以被分为“关键特征”、“需要提高的”和“要废弃的”。同样，三个水桶法对你回顾教学框架也是非常好的一种实用工具。

7. 矩阵模型

就像光谱分析图一样，矩阵模型（见图2.11）也是关于定位的。矩阵模型有横纵两个轴，这样形成了一个四象限的图谱。当事物被定位并放在这四个区域中时，就可以针对不同情况做出决定。以市场为例，商品品牌可以被分成两个变量——成本和质量。矩阵模型也可以描绘变量的动态，例如努力与影响。在矩阵模型中，任何一个在努力方面得分非常高但在影响力上得分很低的任务都是要废弃的，然而任何出现在高影响力与低努力象限中的事情都可以迅速被完成，因此也被称作“快速胜利”，是值得推广的。

8. 蜂巢模型

在上文中我们曾提到，六边形卡片对于开发不同课题间的关联非常简便。发给学生一些空白的六边形卡片，让他们把关键词写在上面。当蜂巢模型（见图2.11）完成时，把它们作为课堂复习的有益补充展示出来并分享给所有学生。

9. 进出盒子模型

这是一个为了检测过程而设计出来的图，它可以用作探索化学反应，历史事件的起因、影响以及一个活动中两个相悖的策略。就像其他图表一样，它可以帮助学生开发重要的考试技能。进行解释和分析时，检测成因和结果的技能就尤为重要。进出盒子模型（见图2.11）可以帮助学生回答两部分的问题：第一，识别出一个事件、行为或问题，在中心位置写下来；第二，在箭头指向盒子的一边写出所有成因或理由；第三，思考结果、反应和成效。通过这个过程，学生就可以得到一个框架，创建一条清晰的写作思路。

10. 饼状图

饼状图（见图2.11）可用于展示数学范畴或问卷调查的结果，帮助学生掌握有关比例的知识点，例如，提问这样的问题：政府应该在经济的不同方面各投入多少财力呢？或者让学生展示他们对于问题的认知，比如，描绘身体结构的比例图，或者描绘一个每周在各方面（工作、运动、游戏等）花费的时间图。使用饼图的另一个好处就是它可以鼓励团队协作和合作学习，在开始一个小组项目之前，要求学生制作一个饼图代表每一个组员在团队中的贡献比例。知道自己的贡献将被核对，他们通常就会更加积极地付出与分享。

小 结

在本章中，我们关注了一系列帮助学生学会有效思考的教学策略，这些策略适用于任何环境并可以与下文中很多其他的教学策略配合使用。一些方法如创意转盘展现出学生引出新想法的过程，而组织图则可以让学生将思考过程视觉化。学生要成为一个成功的终身学习者，必须具有举一反三、创造性、分析性以及批判性思考的能力。本章中的这些策略都是能在课堂上引导、激发学生高阶思考能力的实用工具。

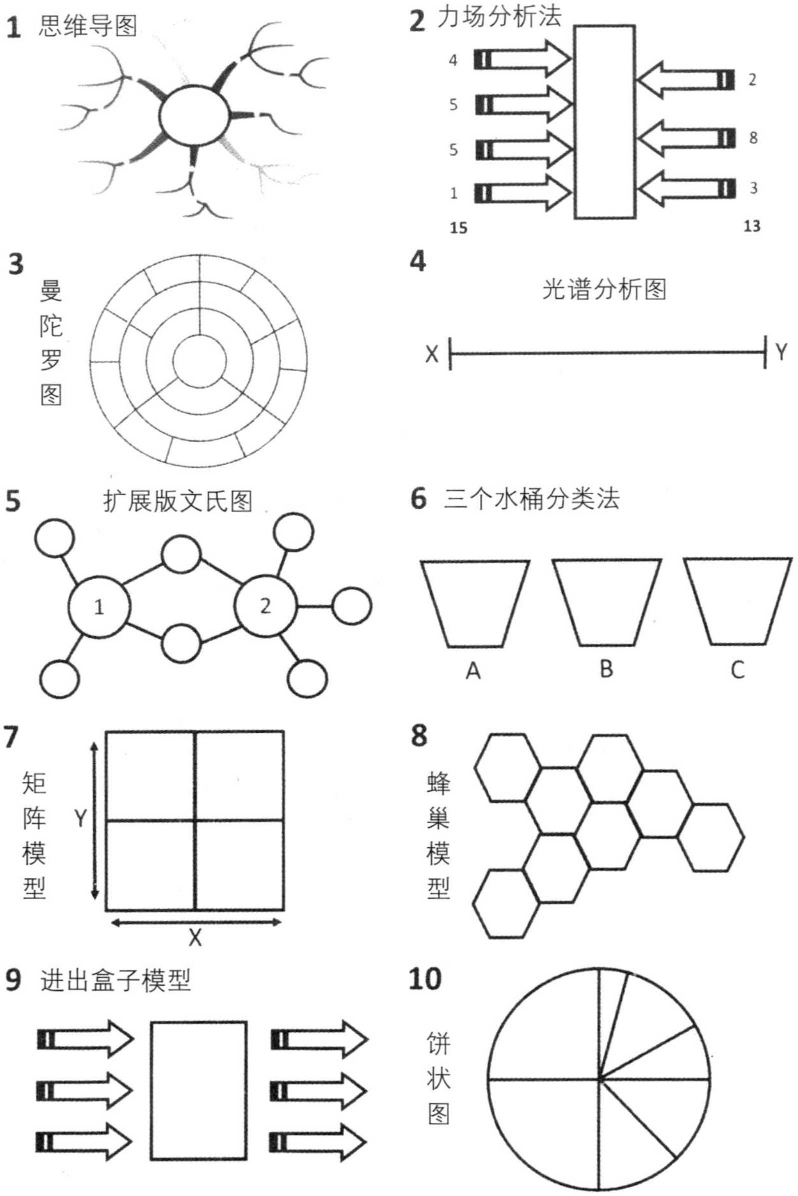

图2.11　最有效的10个教学组织图

第三章

如何让每个学生都参与课堂

记得有一次课间休息时，我听到蒂娜·特纳在1980年代演唱的摇滚名曲《你是最好的》从走廊里传进来。我斜靠在黑板上，透过教室的玻璃窗看到我的同事、商业学教师尼尔·普兰特，头上反戴着一顶棒球帽，穿着一件白色体恤衫正在跳着当时非常流行的舞步。

如果你是英国情景剧《办公室风云》(这部剧造就了瑞奇·格威斯的演艺生涯)的粉丝，那么你对格威斯所扮演的大卫·布莱特对其雇员进行的激励管理培训一定不陌生。事实上，布莱特风格的培训环节是怪异、笨拙、畏缩，充满滑稽的。尼尔曾经在他教授的高中商业课程激励理论的课堂上采用布莱特式的方法，他可能只播放了一段电视剧的录像，有趣之处有待商榷，但他的学生永远不会忘记这堂课。我们应该竭尽全力地让学生开心并积极地参与课堂，而不是单纯地去娱乐他们。我曾经在课堂上给学生们唱过歌，但我从不会像尼尔那样跳舞！

本章探讨的是如何让学生主动参与学习。严格说来，参与学习并不是我们教学计划首要的教学目标，相反，它应该是伴随卓越教学的产物。如果我们有一个完善的教学计划，鼓励我们的学生认真思考，对他们的学习负责任，并使用测评体系平衡不同能力的学生差异，那么毋庸置疑，学生们在每一个环节都参与了进来。这样的观点同样适用于课堂行为中——教学树立了正确的榜样，那么学生也会在自己的学习中展示正确的行为。所有这些都是真实存在的，所以，有时候在教学中运用一些策略让沉闷的课堂变得兴奋有趣就很重要了。

最终，当课堂上出现以下现象时，就说明我们的学生就已经参与到学习中了，我把这些称为参与的规则。

1. 提问——使用提问的方式引发学生进一步的思考。

2. 反馈——向学生展示他们现阶段的学习成果并告诉他们如何提高。

3. 合作学习——我们将在第四章进一步探讨这个问题，合作学习是非常关键的。

4. 积极——让学生们离开座位站起来。

5. 目标——向学生展示课程的方向以及知识之间的相关性。

6. 竞争——把教学变成游戏，让学生可以互相竞争。

7. 饱含情感——唤起对一个课题和知识的真切体会。

8. 幽默——让学生们开怀一笑。

9. 真实生活——把教学与生活结合起来，这样学生就可以将所学运用到生活中。

10. 时间限制——保持恰当的节奏和能量。

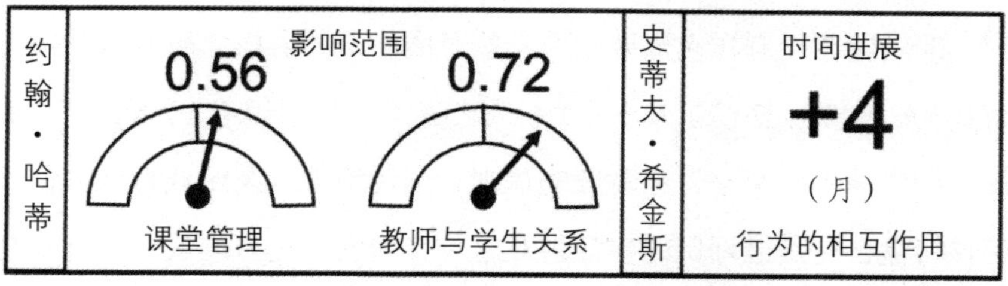

图3.1　教学的最高境界就是学生的主动参与。以事实为基础的研究表明上述的教学策略有着重要的价值，本章中，我们会着重就这些进行讨论。

具备上述典型特征的任何一次教学都可以算得上是一堂高效的课堂，其参与度也会随之提高。然而，试图让每一节课都有意思，学生都积极参与并远离困难，往往事与愿违。学习的开始和过程都是非常辛苦的，学生应该做好思想准备。同样地，我们必须鼓励学生努力培养我们在第二章中强调的品质，如专注、决心以及锲而不舍的学习精神。让学生参与学习并不是说你要使用什么伎俩让教学看起来有趣，它是一种教与学的积极关联，也是学生与教师的积极关系，这才是本章的目的。

游戏教学法

虽说是理论，但它们并没有你想象中的那么难，没有数学模型也没有纳什均衡理论，但值得作为好方法推荐给你。

棋盘游戏

不管你是不是一个棋盘游戏爱好者，它都是一个强化和重温所学知识的实用工具。它可以用作复习手段，也可以作为新学科介绍活动。唯一的问题在于制作它需要花费一些时间和努力。棋盘游戏包括速度游戏（蛇梯棋）、情境游戏（强手棋或大富翁）与风险游戏（战国风云）。每一种棋牌游戏都有自己对应的规则、问题纸牌以及游戏特征，例如旋转转盘，它是最好玩的棋盘游戏之一，包含了运气的成分，也就是说最有能力的学生并不一定总是获胜者。如果学生学习的是购买和销售，不妨设计一个情境游戏，从网上找一些玩具钱币，这样就不需要孩子们把家里的存钱罐“洗劫一空”了。从网上下载相关资源，稍作调整后，就可以适用于任何学科。

教学小窍门

大多数的棋盘游戏只包括4~6名参与者。如果你想让全班同学都参与进来，那为什么不把整个教室作为一个大棋盘呢？设计你的棋盘并把它们用不同颜色的A4纸打印出来压成薄片，铺在教室里，这样每一个学生可以站在相关的格子中并设计他们要走的路线。

9格图布局法

这个游戏需要两队共同参与，两队成员竞相探讨一个话题、概念或关键词，不能停顿、跑题或者重复已经说过的内容。在一分钟内（或你规定的时间内）成功说出最多关键词的队伍获胜，最后，展示学生的成果——完成的九格图（见图3.3）。

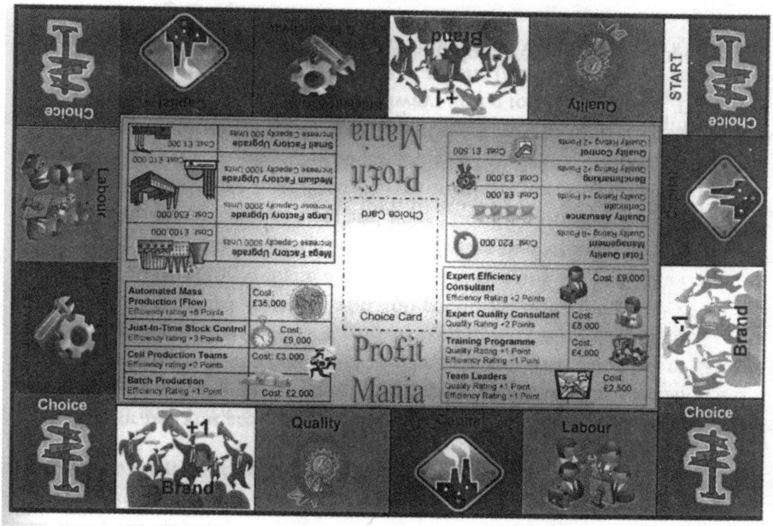

图3.2 大富翁游戏

你可以这样做

• 将9个关键词分别写在卡片或纸上，并在每一张卡片或者纸的背面都写下一个数字，代表参与者的名字。如果是使用电子演示模板，也要先把数字部分隐藏起来，用鼠标轻点这些关键词后显示被选择的学生姓名。

• 每一队都要在开始时给成员指定一个号码。

• 每一队根据需要自行安排关键词的布局，教师们可以指导每一个团队，把他们认为最有信心阐述好的卡片放在九格图的最上方，而不那么有信心的放在最底部，这是这个游戏最精华的部分。给学生们至少10分钟的时间去决定排序，因为他们需要用这段时间来分享想法和讨论每一张卡片，你会发现在这个过程中他们会帮助彼此去理解每一个话题或者术语。

• 当每一队都决定好了他们的布局，选出一个数字，由每个队伍中相应号码的学生回答你选择的问题——第一个回答对的就算赢，赢的团队可以选择继续或者跳过。

• 从九格图的最上方开始，在这张卡片上的数字决定了第一个接受挑战的学生。如果这个学生挑战成功，那么这个团队将转移到下面一张卡片并由一位新同学接受这个挑战。如果学生没有成功，那么机会就转移到反方队伍相对应的号码，他们可能拿走一个单词。实际上，先完成五个关键词的队伍就是获胜者。这个游戏也可以被扩大到16或者25个关键词，它取决于你想让这个活动持续多长时间以及让多少学生参与进来。

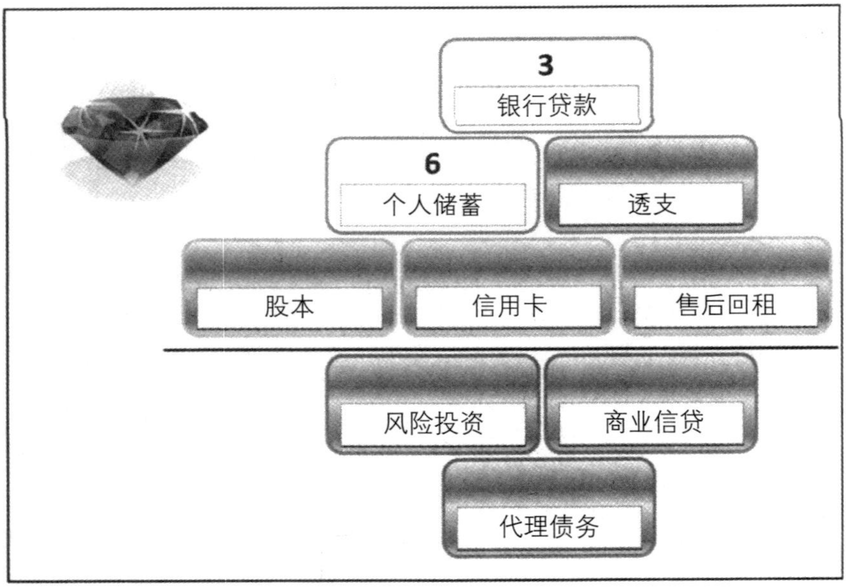

图3.3　9格图布局法

开启保险箱

这个活动是我从一节数学课上得到的启发。它操作起来非常简单，同样适用于其他学科。这个游戏要求学生完成一系列问题，然后结合所有线索开启一个保险箱。电子保险箱的售价仅为30英镑，它的密码可以设置为4~8位的数字组合。当学生正确地回答出所有问题时，他们就可以用这些数字组合打开保险箱并从中获得一些奖励。

你可以这样做

- 为你的保险箱设置4~8位的数字组合密码。
- 设计一系列问题或活动，同时设计和你的密码相匹配的问题答案，这些并不一定非是数学问题，问题同样可以被做成简单的多选题。例如：

问题1：A. 选择A（7） B. 选择B（3） C. 选择C（1）

在这个例子中，如果B是正确答案，那么密码的第一个数字应该是3。

- 当学生们完成这项任务并破解了密码后，他们可以走上前来输入正确的数字组合。
- 成功的学生可以从保险箱中拿到相应的奖励，奖状、星星、纪念币等，巧克力也是不错的选择哦。

来点儿小变化

这个活动可以扩展成使用加总求和的问题来找出密码组合，例如，下面这个问题要求学生成功地完成从A到F的这一串数学计算：[A+(B−C)+D+E]×F。完成六道题得出的六个数字按公式计算，即可得到密码的第一个数字。也就是说，你可以按照你的想法设计和改变问题的难易程度。

教学小窍门

如果你不想花30英镑买一个保险箱的话，一个有挂锁的箱子也可以进行这项活动。我们可以为这个箱子设计一个有程序控制的电子表格，当输入的数字正确时，表格即显示为绿色。尽管打开保险箱那一瞬间可能没有那么兴奋，但破译密码的过程是一样的。

这项活动配合“四向问题表”（第161页）以及“挑战信封”（第183页）效果会更好。

通关符竞赛

该活动就是在竞赛中使用一套普通的纸牌增加趣味，它和普通的小测验没有太大的区别，每一个学生都是通过自己答题得分，答对越多的知识点，得分就越高。答题之前，学生们要先从整副纸牌中抽出一张，在竞赛中使用的每一张纸牌都将在一些方面影响学生。比如，这些纸牌决定了回答出正确答案后被奖励的分数或奖品。我们没有必要使用整副牌，下面介绍一下不同的纸牌是怎样使用的：

- 2~10是标准牌，代表学生回答正确时得到的分数。重要的是，你需要仔细思考使用的纸牌数量以及分数范围。例如，你可能不想让分数差距太大，那么就抽掉2、3、9和10这几张纸牌。在游戏开始之前，分配一个回答正确答案的基础分数是非常必要的，我的建议是6分。特殊的纸牌，比如王牌，也同样计分。
- 王牌表示自由通过，学生可以选择一个问题使用王牌卡，答案

不正确，也可以自动计分。学生可以简单地在他们答案结尾处圈出一个“K”字母，说明他将用这张王牌来回答这个问题。当王牌打出来的时候，这道问题的标准分数就会自动地记录到这个学生身上。

• 皇后牌表示线索，任何一个打出皇后牌的学生都会悄悄地得到一个有关这个问题的线索，学生答对后，同样记录标准分数。

• 杰克牌代表可以团队形式作答，任何一个从纸牌中抽出杰克牌的学生都可以得到小组的帮助，组员彼此分享答案，标准分数将被记录。

• ACE牌代表双倍计分，抽到这张牌的学生必须要选择班上的另外一名同学回答问题，不能选择坐在你旁边的同学。在这一轮中如果回答正确，回答者将获得持牌者牌面上双倍的分数。如果持牌者拿到的是王牌、皇后牌、杰克牌或者皇牌，那么就记录双倍标准分数。

• 皇牌代表窃取，与ACE牌相反，学生必须选择在班级上的另外一位同学回答问题，回答正确得到的分数归持牌者所有，分数的多少以回答者手持的牌为准。他们不能选那些持有ACE牌的同学，当他们选的同学回答错误时，他们不计分。因此，持有皇牌的同学在大家写完答案之前，是不会宣布他所选择的同学的。

你可以这样做

• 制作一个10~20个问题的竞赛活动，准备一副普通的扑克牌。

• 为每个学生准备一个计分板，帮助学生跟踪他们的卡片及得分。

• 向全班学生介绍规则和每一张牌的意义，同时打在你的幻灯片上放给大家看。

• 提出问题并给学生发牌。当他们写答案时，也在给他们的牌做记录以及决定他使用哪张牌。

• 测验的最后，让学生们交换计分板，在你念出答案后给彼此算分。测验完成后，学生自己计算总分并宣布获胜者。

• 定期使用通关符竞赛。例如，作为一个单元测验，你可以累计一系列分数，在班上形成一个排行榜。这个游戏的机会成本很大，并不一定最优秀的学生总是排在最前面。

教学小窍门

让学生选择自己的纸牌会比较费时，因此最好是由教师自己洗牌、发牌。在学生回答问题时，把牌收回来并在下一轮开始之前帮他们把纸牌洗好，这样做也可以防止有人搞小动作。

来点儿小变化

这个游戏的优势在于纸牌可以随意组合以满足你课堂上的任何需求，而每一张牌都能给竞赛造成影响。表3.4提供了一个建议，也就是在不同规模的课堂上如何分出适合的牌以及牌面的大小。

表3.4 通关符竞赛：不同课堂规模应该如何分配纸牌数量

12人的课堂	20人的课堂	28人的课堂
1×王牌	1×王牌	1×王牌
1×皇后牌	1×皇后牌	2×皇后牌
2×杰克牌	3×杰克牌	4×杰克牌
1×3	1×2	2×2
1×4	2×3	2×3
1×5	2×4	2×4
1×6	2×5	2×5
1×7	2×6	3×6
1×8	1×7	2×7
1×ACE牌	1×8	2×8

（续表）

12人的课堂	20人的课堂	28人的课堂
1×皇牌	1×9	2×9
	1×10	2×10
	1×ACE牌	1×ACE牌
	1×皇牌	1×皇牌

问答接龙

这个活动的本质就是多米诺，它可以创造出一条回答与提问的关系链并把所有学生都引入其中。每一个学生都会拿到一个含有问题与答案的卡片，由一个学生开始念出他手上的问题，另一个学生回答后再念出他手上的问题。每一个学生都要回答由另外一个学生提出的问题，这样每一个学生都要集中注意力听问题，然后念出写在他们卡片上拿到的匹配答案。

你可以这样做

• 做一些问答卡片，把问题写在右边，答案写在左边，你制作的最后一张卡片（问题在右边），答案出现在第一张卡片上，形成一个闭环。

• 把这些卡片裁剪好，洗牌并分配给每一个学生。选择一个学生读出他的问题，拿到正确答案的学生就要立即作答，然后稍作停顿后读出问题，继续接力直到第一个学生完成最后一个问题。

• 这可以很好地评估之前的教学成果，激励全班共同参与，适当地增加难度，要求不犯错或者不停顿地完成整个闭环。

来点儿小变化

除了发给每个学生一人一张卡片，也可以两两一组，分给他们一系列分类卡片。问答卡片不要限制为简单的问题和答案，也可以用于数学心算，或是关于连接因果关系的活动。

教学小窍门

预留一组没有裁剪的卡片，以便你跟踪和检查有误的答案，确保一个问题只能有一个匹配答案，以避免发生含混不清或者脱离闭环的情况。

关键词填空

一套小黑板和一些可以干擦的标记笔是每一个课堂的必备物品，它们能够帮助我们组织一些更有效率的活动。BBC在20世纪70年代最初的游戏竞赛就是受课堂预热活动的启发，这个活动可以非常好地检测学生对关键术语以及词语的理解。

你可以这样做

• 创造一系列的陈述句，加入幻灯片中，把每一句中的关键术语用下划线标注（空白）。

• 按照顺序阅读每一个陈述句，把下画线标注的词用空白代替。每一个学生有30秒的时间填出空格中的术语，倒数三下，每一个学生都举起小黑板展示自己的答案。

• 教师们用自己的黑板或幻灯片向全班展示正确的答案。

来点儿小变化

除了让学生找出空缺的词语或句子，你也可以给出一个关键词，让学生用这个词造句，后者难度更大，更利于我们发现问题。

此方法结合“保龄球式猜想法”（第118页）与“关键问题提问”（第

222页）两种方法使用更好。

主题纸牌法

“可收集的、求胜心切的、强制的”，纸牌游戏的价值特点是从1968年开始被提出的，而它们确实可以在课堂教学中发挥一定的作用。制作一副和学科相关的话题纸牌，例如人体器官、历史人物等这种富有创造性的纸牌，它不仅能帮助学生熟悉知识点，还能显示问题之间的相互联系。例如，图3.5就在不同的实物上强调了不同的重要信息，谢谢斯蒂文·博纳给我们带来的好例子。

来点儿小变化

比起你制作这些卡片，不如让学生制作这些卡片并看看他们是如何分类的。之后，学生可以进行讨论并给每张卡片打上适当的分数。这种方法在讨论主观分类，例如历史时期特点或小说人物性格时非常有效。

教学小窍门

把这些卡片作为奖励分给那些作业完成出色的学生会收到意想不到的效果，随着时间的推移，学生手里的卡片会越来越多，他们就可以使用卡片开始游戏。游戏并不一定局限于这张卡片的内容。例如图3.5中的例子，每一张卡片的底部都有一个问题。为了赢得这张卡片，学生需要额外选择回答能得最高分的问题。

抽积木答问题

抽积木游戏是让参与者从积木塔上抽出一块积木，但保持积木塔不倒塌的一个游戏。积木塔从儿童玩具商店里就能轻易买到，而且它在课堂上的应用方法是无穷尽的，我们这里着重介绍其中一个。

你可以这样做

- 在每一块积木上写上一个学科知识点。
- 学生分组，按照普通的抽积木规则玩这个游戏，每移除一块积

卡片1

密度	1,100 kgm^{-3}	韧性	10
硬度	2	柔软性	0
弹性模量	0.01×10^{9} Nm^{-2}	弯曲度	7
强度	15×10^{6} Pa	韧性	7

9. 问题：弹性模量是怎样计算的？

卡片2

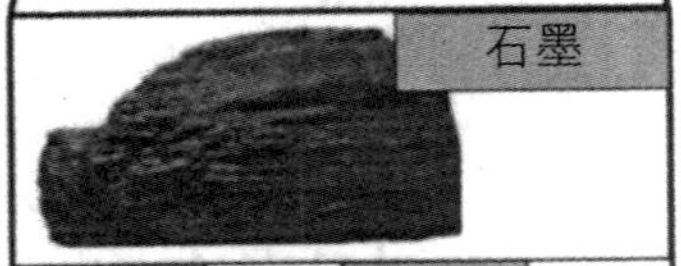

密度	2.7×10^{3} kgm^{-3}	韧性	0
硬度	1.2	柔软性	0
弹性模量	9.2Nm^{-2}	弯曲度	2
强度	1×10^{6} Pa	韧性	2

10. 任务：画一张应力应变图并用不同的硬度画出两条线。

卡片3

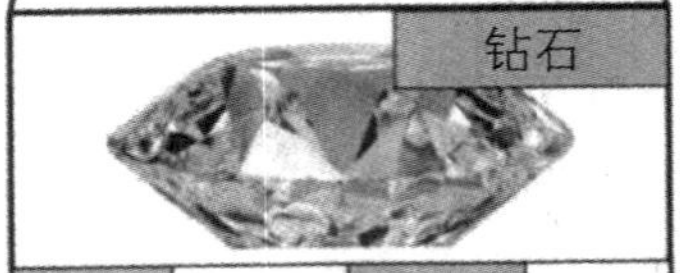

密度	3.5×10^{3} kgm^{-3}	韧性	0
硬度	10	柔软性	0
弹性模量	1220×10^{9} Nm^{-2}	弯曲度	0
强度	1600×10^{6} Pa	韧性	10

11. 问题：为什么玻璃容易碎？

卡片4

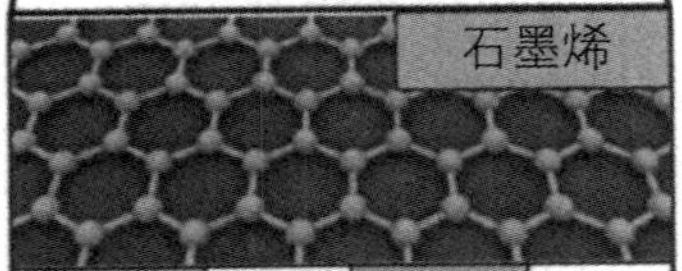

密度	10 kgm^{-3}	韧性	2
硬度	10	柔软性	0
弹性模量	1000 GPa	弯曲度	1
强度	130 GPa	韧性	10

12. 任务：说出三种可塑材料并为可塑材料下定义。

图3.5 主题纸牌

木，他们必须大声读出上面的知识点。学生需要判断抽到的知识点是否正确，并说明理由。如果学生不能判断或另一个学生证明他是错的，那么他们必须重新抽出一块积木。

- 学生回答问题时并不判定输赢，直到一方在抽积木的时候整个积木塔倒塌。

来点儿小变化

在每一个积木上写下与你学科相关的一个关键词。每抽取一块积木，他们必须说出关键词的释义，并把它传递给另外一个游戏者。如果他们不能完成，对方则可以抽取一次积木（不是最上方的那块）以增加获胜的机会。

限时竞猜

限时对答这种形式可用于各种游戏中，以增加趣味性和紧张氛围。比如能够丰富学生词汇量，开发他们对事物的描述和解释能力的“清晰表达”与“禁用词”。

在清晰表达游戏中，学生们两两一组或多人一组。一个游戏者从几个类别中选择一张单词卡，用关键词清楚地向其他小组成员，也就是猜词者，描述抽到的单词。猜词者猜中后，描述者开始描述新单词，这个游戏的目的就是让猜词者在规定时间内猜出尽可能多的词。禁用词游戏的操作方法与此非常相似，只是在每一张卡片上都包含了一个禁用词清单，这些词语是在描述单词时不能用的。

制作这些卡片非常容易，它们不需要使用题板。你可以简单地让学生两两一组来完成这个游戏，也可以在两组之间进行比赛，最后猜词猜得最多的一组获胜。允许你的学生用手机上的计时器记录时间，或用投影仪把时间打在黑板上。

谜团破译

事实上，这个游戏和传统的“谋杀之谜”棋盘游戏类似，让学生们分析各种各样的证据之后为一个谜团得出结论。你可以把任何知识做成谜团，只要你能创造出一系列的资源（线索）供学生们破译。线索可以是一篇文章、一封信、一个图表数据或一幅图片，谜团的最终破译取决于这些线索的质量，即这些细微的线索既要确保提供了足够有用的信息，又没有泄露过多的信息。这个活动可以在任何学科中使用，例如，为什么维京人选择在英国定居呢？是什么导致这个公司被清算？在动物农场发生了什么事情？

你可以这样做

• 为你的谜团创造一系列的线索，7~10个是比较合适的，准备一些线索作为干扰选项。

• 学生分组，让每个小组回答五个左右的多选题。每答对一个，他们就获得一个线索，这样就能保证每个小组拿到不同的线索，最后得出不同的结论。

• 把每个组的线索分发下去，给学生一定的时间去分析这些资源并形成自己的理论。

• 活动最后，让每一个组写出一个结论交给你。在你确认哪组取胜之前，要在班级上读出每个小组的结论，回顾每一个线索的重要性，包括那些干扰选项。

来点儿小变化

破译谜团后，提供一个理由清单，每个小组从清单里选择出主要原因或是排名前三的原因。这样做能让活动更加有条理，同时避免学生脱离问题的轨道。

猜猜是谁

这是一个非常好的活动，它可以帮助学生辨别或者学习一个知识点的关键特征、真实或虚幻人物的个性特征等。学生们需要从课本上着重强调的关键特征或性格中选择信息或引言，制作成游戏卡片。这个教学技巧在学生学习事物特征及人物特点的学科中应用会特别有效，比如语文、戏剧和历史课上。它同样可以被应用于其他学科，例如科学。

你可以这样做

• 学生两两一组，每组分发一个信封和一些正方形卡片。

• 每一组都会分到一个人物或话题，要求他们找出一些关键词或关键引言，这些词句可以描述人物的不同方面，但不会让人物的身份太明显，然后让他们把这些词句分别写在不同的卡片上。

• 之后，把这些卡片放进信封传递给另外一组。

• 每个小组必须通过卡片上的词句判断这是哪一个人物，他们可以相互讨论这个人物的相关特点，这样就非常容易地形成全班讨论的氛围。

• 把所有卡片打乱混合并重新随机分配，两两一组的学生通过卡片内容辨别出相应的人物，答对者积分。或者，教师自己准备一系列有关一些人物的引用词句，分配给整个班级开展游戏。

立足课本知识

尽管现在互联网资源非常普遍，但很多时候我们还是需要学生吸收和处理大量课本知识。由于年龄、能力不同，他们有时候会觉得学习课文，特别是有新词汇出现时比较困难，这里我们提供了一些方法来帮助学生们提升最基础的课文学习能力。

全面头脑

这条教学策略可以帮助学生深入理解和学习课文内容，它使用一系列方法让学生加工和翻译信息（见图3.6）。例如，使用一幅图画来总结一个段落，每用一个方法，学生都要向其他同学解释课文内容，比如，解释一下这幅画是什么意思以及为什么要这么画。这样，课文对学生来说会更有吸引力，因为他们发现课文学习中表达了自己的理解与思考，记下这些信息也就容易了许多。

你可以这样做

• 要求学生快速阅读课文并且把那些他们并不熟悉的词汇着重标记下来，你简短地解释这些关键词，学生可以记笔记或写下同义词帮助他们理解这些词汇。

• 请学生用全面头脑技巧总结每一个段落。允许学生做出自己的选择，但如果课文包含五个以上的段落，那么每一个方法至少使用一次。

- 画出来——画出一幅图片来总结这个段落。
- 写出来——写出5个能够概括这个段落的词语。

- 演出来——表演、模仿、摆姿势或者唱出这个段落内容。
- 说出来——准备一个关于这个段落的两分钟小演讲，要求学生不能照读笔记。
- 问出来——基于这个段落出一个多选题，然后让另外一个同学回答。

- 根据课文长度，给予学生充分的时间完成每一个活动。
- 选择一些学生分享、表演或说明他们的成果。每个段落选择两到三名用了不同方法的学生进行分享，这样每个学生都有机会在你的课堂上表现自我，最终，所有学生都会对课文有一个更好的理解。

来点儿小变化

另外一种形式就是小组活动，每一个小组成员都被指定用一种方式总结一个段落。

指定方式可以多变，比如用旋转转盘或随机抽取纸牌来选择段落和方法。

教学小窍门

仔细思考你要教授的课文，学生会发现用画图的方法表示物品（画出来）或者表演出一个故事（演出来）是比较容易的。要想使这条策略操作起来更加容易，你应该选择最适合这个学科的相应方法。

细节搜寻法

就像“全面头脑”一样，这条策略的目的是要逐步地把学生引入课文内容。“细节搜寻法”让学生通过一系列的简单介绍，加快脚步去发现隐含在课文中的信息。当完成了下面的教学活动后，你会发现学生开始熟悉课文，面对提问时，他们不再提心吊胆，因为他们可以从新学到的知识中找出问题的答案。课堂最后，所有学生都应该能够基于所学写出一个50字的总结，回答一系列的问题或者制作一张海报。

你可以这样做

• 引导学生在课文的每一行都加上一个编号，这将帮助他们找到你讨论的知识。

• 限定一分钟，让学生们快速浏览整篇课文。

• 发给学生一人一块黑板和一支笔，便于他们在每一个环节最后展示自己的回答。使用这条策略时，教师们可以这样提问：

◆ 在你的黑板上写出有关这篇课文的一个事实。

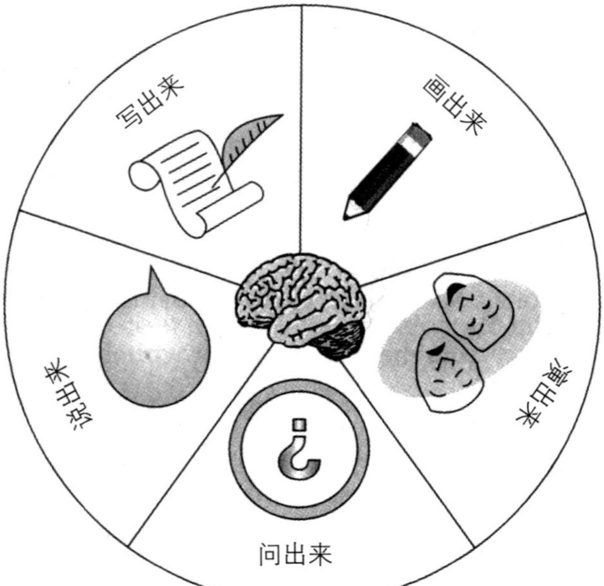

图3.6　全面头脑

- 找出某个人的名字。
- 找出两个国家。
- 找出两种动物。
- 找出一个城镇或村庄的名字。
- 我将朗读这篇课文，当我停下时，在你的黑板上写出接下来的一个词语。
- 找出两个形容词。
- 找出两个动词。
- 找出一个时间词。

• 学生们非常喜欢相互比赛找出答案或着重标注这些信息，到活动结束，他们已经不知不觉地把这篇课文阅读了好几遍啦。

听课文画图画

我们之前提到的两种教学策略都是要求学生在吸收和学习新内容之前，自己先阅读课文。下面介绍的这个方法通常不需要这么做，它只要求教师朗读课文时，学生在自己的脑海中构想相应的画面，并画出来，然后两两一组进行讨论。在课上介绍一个新知识点时，这个活动通常特别奏效。

你可以这样做

• 选择一个适合用图画表述的话题，它应该包括一些特征和成分，例如，在地理课上森林砍伐可能就是一个不错的话题，因为它的原因是多方面的，并且可以用图画表现出来。

• 让学生闭上双眼并趴在课桌上休息一会儿，这样当你朗读课文时，会帮助他们形成想象中的画面。

• 告诉学生根据课文想象图画。

• 朗读完课文后，让学生睁开双眼并把他们的画面画出来。给学生们的绘制时间不要超过两分钟，请记住这一点。

• 到时间后，学生们要和同桌交换他们的图画，然后向拿到自己图画的小伙伴解释和翻译图片的意思。

• 如果你的课堂给出的信息量够大，不同的学生会选择不同的事件，或者用不同的方式展示同一事件。

• 没有必要一下子把所有信息都读出来，这个活动可以分阶段完成，学生可以根据内容绘制两三幅图。使用这种方法时，你要给学生提供一张大纸，或者让他们在笔记本上用完整的一页进行绘制。

关键词挑选

这是让学生对课文进行总结以及评价非常有效的教学策略。首先，让学生们阅读课文，挑选出10个他们认为最重要的词语，这里的“10”只是个概数，如果你相信挑选出来的关键词会比你预先定好的要多，那是最好不过的了。例如，如果你可以挑出20~25个关键词，那么你需要把挑战的目标设为15个，也就是说你的学生需要有自己的判断和做出相应的选择——此时，他们正在做着评估。选择之前，学生们需要第二次阅读课文并着重甄选出所有他们认为重要的词语。让学生两两一组并聆听他们的对话，例如他们是如何审慎地思考并形成最终清单的。不同的小组自然会给出不同的选择，这时候我们就可以进一步发起高质量的课堂讨论了。

让学生动起来

在这一部分，我们会介绍一些技巧，让你的学生站起来，离开他们的座位，并创造他们自己的学习环境。这样做不仅能增加课堂教学的多样性，减少学生的倦怠感，它的生动有趣还能提高学生的注意力。

记忆赛跑

这个活动的目的是帮助学生记忆和描述那些画面的细节或复杂的图表，比如说，周期性的图表、水循环系统或者人类的骨骼。学生分成小组共同记忆一幅图画或一个图表，然后试着重新创作他们所看到的，根据各个小组重新创作的图画和图表决定获胜者，哪个小组的图表能最大限度地恢复原貌则取得胜利。

你可以这样做

- 在教室外面挂上与课程内容相关的一幅图画或者一张图表，如果你的教室比较大，那么最好的做法是在门的两侧放置同样的图表或图画。
- 把学生分成3~4人一组的小组，并对每个小组的每位成员进行编号。
- 活动开始，所有小组的1号同学走出教室，盯住图片30~45秒，尽可能多地记住图上的信息，时间一到，所有的1号重新回到教室，加入自己的小组。
- 记忆者把自己记住的所有细节向其他组员进行解释，其中一名开始绘制图片，如果需要，标记出每一个记忆者记下来的细节，这个环节一直持续到每一个学生都当过记忆者。

• 活动最后，在展示板上贴出每一个小组的作品和原始的图表或图片。教师对图表进行解释并对每一组的作品进行点评，当你解释图表上的概念并决定获胜小组时，学生已经对这些内容非常熟悉并有了极高的参与度了。

来点儿小变化

可以在每个学生交替走出教室去记忆表格或图片时，变化表格或者图片。例如，这张表格或图片可能介绍了事件不同阶段的变化，或逐渐向学生展示一幅图片的不同部分，这样就增加了难度，学生需要把图表或图片的每一个部分都连接起来形成一个整体。在普通的记忆赛跑游戏中，越是排在后面的学生任务越容易，因为只剩下少数的细节需要记忆，然而在这种变化中，学生都有自己要记住的部分并需要和小组其他成员一起分享。

教学小窍门

图表或图画越复杂，这个活动就会越成功，也越容易判断赢得比赛的小组，另外，在播放解释图表或图片概念的视频资料之前进行这个游戏会更加实用。

这个活动与“专家小组”（第153页）以及“听课文画图画”（第111页）一起使用效果更好。

复习足球

这里介绍一条可以活跃课堂、专用于复习的教学策略，它利用一个大圆球，比如足球，在上面写出关键词。

你可以这样做

• 准备一个大足球，在上面六边形的地方写上与复习内容有关的关键词。

• 站在教室前面，把球抛向座位上的某一个学生，让他们站着围成一个圆圈。

• 接到球的学生必须解释最靠近他右手大拇指的那个关键词。

• 持续这个游戏直到所有学生都尝试了一遍。

来点儿小变化

在学生中间投掷这个球并变换问题，例如，让学生使用关键词造句或就这个话题开始一个一分钟无停顿、重复和跑题的小演讲。

教学小窍门

把球稍微放一些气，确保在扔的时候不会因为用力过大而造成任何的伤害。

在窗户上写写画画

这个非常简单的想法可以为课程和小组合作增加一些乐趣，学生喜欢把他们的答案和想法写在黑板上，但教室里只有一块教师用的黑板，那么为什么不让学生利用窗户呢？

在窗户上书写不单单是为了有趣或满足学生的叛逆心理，它更重要的是强调了一种有效的教学环境。当学生以小组为单位计划、设计并解决问题时，他们通常会把结果写在纸上，我们用窗子可以最大限度利用那些教室里面不常使用的地方。除此之外，这种方法能让学生积极地动起来并用绿色环保的方式学习——不使用纸张和电子设备。

你可以这样做

• 买一些玻璃标记笔，它和液体粉笔大体相同且价钱不贵，每支在1~1.5镑之间，最好买一套有多种颜色的。

• 允许学生在开放式问题的活动例如头脑风暴、解决数学问题、创作思维导图、写一首诗或者设计一个新产品中使用窗户写字。

• 课堂结束或放学时，用纸巾等擦干净窗户免得学校管理员生气！或者，让学生在下一堂课开始之前把它擦干净。

来点儿小变化

除了让学生把答案写在窗户上，你自己为什么不亲自试一试呢？使用你的窗户开始活动或进行教学测评。不同的活动可以通过不同的窗户进行，你甚至可以利用窗户与学生互动，在窗户上写出引言，让学生产生更多的想法和建议，例如，在每一块窗户上写下一个概念或一个单词，然后让学生依次在下面写下他们关于这个话题所知道的东西，这个教学策略可以与很多其他教学策略一起应用。

“竞跑”抽答

顾名思义，这条策略是要让学生张开双臂奔向课堂，就像他们追赶公车一样。其实，这是一个小组竞赛活动，目的在于快速检查学生对知识的掌握程度。

你可以这样做

• 制作一套每张上面有6~10个问题的卡片，这些问题应该有明确的答案，根据学习小组的数量准备多套问题并用不同颜色的卡片区分。

• 把问题卡片放到讲台上并保证每个小组的成员都已经坐在一起。

• 每个小组的一名学生走到讲台前拿走第一个问题并跑回自己的组，读出问题后集体商量答案，第二名学生拿着卡片跑向你说出答案。

• 如果答案正确，你把这张卡片收回并给出第二张卡片。活动以此类推，循环进行。

• 如果答案不正确，他们需要返回自己的小组再次商量，直至回答出正确的答案。

• 获胜的小组是第一个完成整套问题并全体就座的小组。

• 活动最好的地方就是能让教师把那些难倒学生的问题放在一边，活动结束后，你就会清楚地知道哪一个知识点是需要再次讲解或说明的。

画面定格

这是一个传统的戏剧练习法，但我发现它也可以应用于各种环境中，它能让学生用一个固定的画面来描绘一个场景或表达一种情感。在宣布“定格画面”之前，给他们一些思考时间，如果是小组活动的话就适当地延长准备时间，这时候，每一个人都应该摆好姿势。

你可以这样做

• 情绪教学——有很多简单的技巧可以快速评估学生的学习态度，例如，举起大拇指或使用红、黄、绿卡片展现他们的自信程度。用定格画面让学生直接表达出他们对于教学的感受，这个方法不错吧？

• 喜欢的情景——让一组学生表演一个戏剧、电影或故事中他们最喜欢的情景，其他同学试着猜一猜定格的画面是什么。为避免重复，你可以分发一些线索卡，这样每一组都可以创造出不同的情景。

• 情况定格——创造一系列恰如其分的状况，例如，一个投掷标枪的完美姿势，一个穆斯林清真寺的礼拜活动或一个罗马战场的场景，帮助学生加深对知识的印象。

• 模仿同伴——让一个学生模仿另一个同学，你会发现，他们利用手势、面部表情和周围环境可以摆出很多有意思的姿势，似乎每一个人都是小演员呢。

保龄球式猜想法

这是一个非常简单的游戏，学生互相竞猜另外一些同学的想法。一个学生来到讲台前，其余学生都站起来。这些站着的学生需要想一个教师曾举过的例子，这个例子是一个有多项正确答案的问题。例如，从周期表中想出一个化学元素，从莎士比亚的戏剧中想到一个人物，或是岩石的某些成分，站在教室前面的学生有三次机会来猜其他同学想的是什么。如果讲台上的学生猜中某位同学所想，那么这个站着的同学就坐下。猜谜者需要像打保龄球一样让尽可能多的同学坐下。让另外一个学生站到讲台上，然后用不同的问题重复这个游戏。

教学小窍门

为了避免作弊，让学生把他们的想法写在小黑板上，公布想法时再亮出。

拍卖会

“拍卖会”是一个富有能量的活动，教师可在教室前精心安排一个现场拍卖会，让学生为他们所需要的词条进行竞标。例如，学生可以为设计一个新房子竞标各种各样的环保方法，也可以为了完成一个故事竞标所需词汇和写作技巧，还可以为申请一份工作竞标各项技能。如果学生是两两一组，他们则需要讨论拍卖会上每一个词条的优点和价值，“拍卖会”的相互竞标能带动整个课堂的气氛。

你可以这样做

• 挑选出一些要竞标的词条，把它们投影到教室黑板上，同时制作一套同样的卡片，分发给竞拍成功的学生。很多固定词条非常有用，可能是大家共同需要的。同时，我们要规定每个小组至少需要赢得多少数量的词条，这可以鼓励他们做好预算并更加合理地分配自己的资源。

• 分配给每个组一些虚构钱币，比如100元，用于他们的竞标环节。我们不需要特意使用游戏钱币——学生可以简单地记录下他们的花费。

• 向学生解释拍卖会的一些规则并告诉他们如何进行竞标。开始竞标后，用尽你浑身解数宣传词条，直到每一个词条都被拍卖出去。为了加快流程，可以在开始竞拍时就对最受欢迎的词条进行加价，同样地，你可以降低那些无人问津的词条的价格。

教学小窍门

如果你预感到学生会变得过于兴奋，那么不妨开展一轮“沉默竞标”——只通过举手的方式竞拍，如果有谁叫出竞拍价，那么这次竞标就视为无效或者取消。同时，我们也要设定一个基本规则——如果组里任何一个成员对竞标持有不同意见，那么竞标也会取消，这样做可以防止那些过分狂热的学生失去控制。

选择站队

不管何时，从学生那里听到他们看待事物的观点都是必要的，所以“选择站队”这个教学技巧就变得非常实用。如果教室里没有足够的空间，就把学生带到教室外，标出“同意”或者“不同意”两个区域，让学生根据自己的观点选择站队，并解释自己为什么选择现在的站队。同时，你可以增加一些讨论这个问题的因素和信息，再看看学生会不会改变他们的站队。例如，偷盗是对的吗？盗取富人的财产是正确的吗？如果偷盗的人只是因为生存而偷了生活必需品呢？还有一种形式就是使用教室中的四个角，每一个角代表不同的观点，学生结合他们的选择站到不同的角落。

便贴纸收集法

“便贴纸收集法”是一项具有创造性的写作活动，它可以把学生的想法和一系列贡献展示出来。如果是为了培养高阶思考技能以及论文写作能力，这个活动会带来非常好的效果。

你可以这样做

- 把学生分成六人一组。
- 在黑板上，教师写出六个不同的指令、提示或问题，例如：
  - 用法语描述哪个科目是你喜欢或不喜欢的：

    1. 正面的观点词语。

    2. 你喜欢的科目。

    3. 形容词。

4. 负面的观点词语。

5. 你不喜欢的科目。

6. 形容词。

◆ 英文/传媒课，问题可以是：

1. 你最喜欢哪一章节/情景？

2. 涵盖了哪一个人物？

3. 这个人物的感觉是什么？

4. 发生了什么？

5. 分析一下发生的事情。

6. 评价一下这个章节/情景。

◆ 地理课，问题可以是：

1. 原因——人类。

2. 原因——物质。

3. 影响——短期的。

4. 影响——长期的。

5. 反应——短期的。

6. 反应——长期的。

• 每一个学生都会拿到一张便贴纸。

• 这个方法是让学生把他们的便贴纸在小组中传递六次，最终收回其他人写在这张便贴纸上的想法和答案。

• 然后，学生拿着手里的便贴，开始创造他们可能想到的最完善的答案。

论证交易活动

“论证交易活动”是一个能活跃气氛的活动，它对学生讨论不同问题的优点、做出有价值的判断特别有用，这个活动用时大约10分钟，让学生反复挑选、多次讨论不同的意见和建议，对于语言课非常奏效，因为它鼓励学生练习词汇，例如，用“论证交易活动”讨论最好的度假胜地。简而言之，这个活动在任何一个有一系列讨论和比较的学科中应用都是非常有效的。

你可以这样做

• 给学生一张上面写有事件不同因素的卡片，比如度假可以有不同的类型：露营、海边度假、城市观光、海上游艇或探险之旅，等等。

• 所有学生站起来寻找合作伙伴，这个合作伙伴最好是他们最近没有合作过的。

• 学生两两组队后，向对方解释他们选择的度假方式的优点，并强调对方卡片上的缺点，讨论时间不要超过一分钟。

• 在学生起身寻找下一个合作伙伴前，他们必须决定谁辩论得最好，胜利者在他们卡片的反面计分。

• 所有学生轮换讨论后，汇总自己卡片后面的计分和赢过的对手。活动最后，所有学生都回到座位上，展示他们的分数，教师选出得分最高者并给予奖励。确保这个活动中所有学生都参与了课堂讨论，并对一系列的事件、因素和方法进行了排名。

长条木板

在课堂演示稿中输入一系列概念或关键词，同时做出两套一样的幻灯片，每一张幻灯片上的词语放在不同的位置。让两位同学站到讲台前面，向他们提出有关幻灯片上关键词的问题，两个学生相互竞争看看谁能最快在“长条木板”上累积足够的词汇并击中黑板。结合“拍卖会”活动，让学生保留自己赢取的词汇从而完成这个任务。

联系生活实际教学

学生参与课堂教学的一个重要目的就是让他们可以将学到的知识应用于今后的社会，这部分我们着重强调将学科和现实社会联系起来的一些方法。

10分钟TED演讲

在第四章中，我们会更深入地介绍一些可以提高教学经验的网站和数字化教学资源，其中之一就是TED。在TED以及它的合作网站TED-ED中，有大量有趣且鼓舞人心的演讲者。1984年最初建立时，它是一个分享科技、娱乐、设计想法的平台，现如今TED演讲已经涵盖了商业、自然、科学以及人类行为学的各个方面。TED是一个非常棒的资源，我们可以使用它鼓励学生去探索，甚至在课堂上采用TED方式，让学生选择一个TED演讲上的最新热门话题进行讨论，时间大概10分钟左右，话题内容可以和学科相关，也可以是他们感兴趣的。

你可以这样做

• 在你今后的课堂上，留出一部分时间给学生进行TED演讲。你只要决定演讲内容是关于教学科目的，还是学生感兴趣的话题。

• 这个练习的目的是找到学生认为有意思且对他们有所启发的话题，在课堂上谈论，这包括学生就这个问题给出自己的观点，解释自己的想法与话题的关联，向听众提问或简单地说一说为什么他们喜欢这个话题。

• 每一个学生的演讲时间是10分钟左右，因此他们需要找到与之长短匹配的话题或选择某一话题的一部分进行演讲。

• 活动之前，花一些时间向学生演示一下TED网站和可以找到有趣话题的一些方法。TED按照演讲人的特点把演讲分成不同的类别，比如，话题、热点、长度、点击率（有趣的、有说服力的、振奋人心的等等）。

• 教师首先在课堂上示范一个10分钟的TED演讲，这样你的学生就可以知道你希望他们在课堂上用什么方式展示什么。

• 切记，演讲的时间一定要控制在10分钟。

这种方法与“10分钟教师体验”（第197页）一起应用效果更好。

新闻报道

大多数传统的课堂也会用到“新闻报道”这个方法，它对于教授商业学、经济学、政治学和综合学科的教师来说，绝对是一个主打产品。“新闻报道”鼓励学生参与当前事件并把它们应用到课程中去，我们在这里提供一些建议。

你可以这样做

• 家庭作业挑战——作为一项家庭作业，要求每个学生在报纸上选择一篇与最近所学相关联的文章。作业可以要求学生找出多个案例，比如，从新闻标题中找出英文课上最近讲过的三个祈使句式。

• 新闻板——在教室中设立一块展板，在上面，由你定期更新最近的新闻或文章，要求学生阅读这些新闻并把自己关于这篇文章的想法、问题或观点用便贴纸贴在上面，这是一个超棒的课外活动。

• 解决问题——这个非常实用，把最近与学科相关的文章带入课堂，把文章中的事件或问题展现给学生并提问："我们用科学的方法应该怎么解决这个问题呢？"我的一个同事把自己亲手制作的数学问题带到教室中来让学生一起想办法解决。

• 运用知识——投影一则新闻故事或一张图片，让学生利用最近学过的知识解决问题。

• 播放软件——使用微博等社交媒体，给学生播放一些和科目相关的有趣故事。

快乐的摄影师

这是一个让学生在课外也能参与教学的好方法，"快乐的摄影师"活动是举办照片比赛，让学生定期（可能每半个学期）提交一张可以代表这个学科的某个方面或他们最近正在研究的课题的照片，这样做不仅能帮助学生在课外应用这门学科，而且鼓励他们抽象、关联性地思考问题。如今，很多学生都随身携带具有拍照功能的手机，这就让他们在户外随时捕捉信息变得十分容易。

你可以这样做

• 在介绍这个比赛之前，展示一些你自己照的关于学生熟悉的某个概念或话题照片，解释你的例子与“快乐的摄影师”这个活动。

• 安排这项活动的时限，确保你向他们说明了第一次提交照片的截止日期，鼓励学生对自己的照片附上50字左右的简单描述，一种确保所有学生都参与的方法就是把这项比赛规定为家庭作业。

• 所有学生提交自己的照片，把它们钉在“快乐的摄影师”展示墙上。在课上宣布前三名并给予相应的奖励。在宣布获奖者之前，可以让学生试着找出每一张图片与学科的相关性。随着时间的累积，这些照片将成为非常实用的课堂教学资源。

来点儿小变化

在学校或其他网站上建立一个论坛，让学生在这里提交照片并提出对他人作品的观点，这样学生提交作业、分享想法甚至投选出最喜欢的照片就变得更加容易。

这种方法与“照片墙”（第73页）以及“精挑细选”（第41页）一起使用效果更好。

特别的客人

这是一个角色扮演活动，它可以鼓励学生提出高效的问题，并从另外一位教师那里得到帮助。请一个志愿者教师走进你的课堂，扮演一个角色并回答学生们事前准备的一系列问题。这个角色可以是学生最近正在阅读的书中的虚构人物，一个著名的历史人物，也可以是一个事件的见证者。总而言之，这个活动应用于与英语、戏剧或人类学有关的学科中会非常得当。

你可以这样做

• 首先，邀请一个愿意帮忙的同事来扮演一个角色，活动出彩与否在很大程度上取决于他的表演。

• 这个活动的目的是为了让学生收集信息，不管是与这个角色有关的实物信息，还是对于这个人物的评判、感受和信仰等。重要的是，你的同事要熟悉这些信息，这样他们才能在被问到相关问题时很好地传递这些知识。

• 给你的同事足够的准备时间，当然，化装扮演这个角色会让你的观众更加满意。

• 上课开始前，给学生们卖个关子，那就是今天的课非常重要，因为一位特别的客人要造访他们的班级。客人到达前10分钟，公布这位特别的客人姓甚名谁，并介绍说他来访的目的是帮助他们解决任何问题，然后让学生开始准备一些问题，别忘了提供相应的指导，帮助他们收集那些需要的相关信息。

• 客人入场——毫无疑问，其他教师的造访会让你的学生倍感惊喜。当学生组织好问题后，开始问答环节。确保你的客人走出教室时，学生们抱以热烈的掌声表示感谢。

教学小窍门

学生并不知道谁是特殊客人时，课堂活动的效果是最好的，因此，适当的化装用来掩饰客人的身份是不错的办法。或者，你可以邀请一些学生并不熟悉的教师甚或高年级的学生来扮演角色。由于这个活动依赖其他教师的帮忙，因此作为回报，你也要在他们需要你在他们的课堂如法炮制时义不容辞。

音乐线索

这个活动的目的是播放一些与你学科中的某个概念或话题相关的歌曲片段，要求学生在两者之间进行关联并猜测你聚焦的是哪一个话题，他们可以从音乐的词曲中寻找线索。我曾经看到这个活动在一堂戏剧课上应用得非常出色，不同的音乐代表一个故事中不同的人物性格。这个活动的好处就是可以让学生通过领会音乐和歌词，自然而然地思考学科知识。它或者用作课前预热，或者用作课后巩固理解的拓展活动。

你可以这样做

- 选择一个你教过的话题或概念。
- 去音乐图书馆或者你喜欢的唱片行，选出那些和这些教学内容相关的乐曲和歌词。
- 逐一聆听这些歌曲并选出一个10~30秒的音乐片段，利用播放器或音乐编辑软件把这个短片存储到声频文件中并循环播放。
- 设置这项挑战，播放音乐片段，让学生写下他们的想法并同时亮出答案，分享他们的所思所想。

即兴画外音

在课堂上播放一段视频，让学生根据内容配上自己的画外音，不管你是让学生事先对视频做一些准备还是要求他们现场配音，这都是一个促进学生即兴发挥和站在自己立场上思考问题的有效方法。

你可以这样做

• 选择一段学生们已经熟悉的视频片段，最好是一些他们有能力解释的话题。

• 让教室安静下来，播放视频资料，让学生们在观看时根据故事情节做一些笔记，记下那些声音中可能出现的词语或者句子。

• 观看完短片之后，挑一些学生来到讲台前为第二次播放的视频配音，轮换几波学生后再播放原有配音，让学生们进行比较，看看他们水平如何。

填词竞赛

歌曲通常情况下是帮助学生记忆的最好工具。因此，选择一首耳熟能详的歌曲并把它的歌词改成学科中重要的话题或概念，能用来帮助学生记住知识点，学生同样可以自己填词，用重点词汇回答关键问题。为什么不来一次歌曲竞赛呢，让团队之间相互竞争看看谁的新歌更加朗朗上口，容易记忆。下面是一首有关地理课知识的改编歌曲，感谢多才多艺的德安·琼斯提供了这个例子。

我爱你松树（原歌曲为《我的眼神无法离开你》）

我爱你松树，
因为你那圆锥形的身形，
可以挂着积雪，
你是如此的柔韧，
可以矗立在风中，

你是四季常青的，
你那繁茂的松枝，
通过蒸发，
可以减少水分的流失，
因为降雨很少，
你选择生长的地方，
是苏格兰北部的一隅。

如果你对法兰克·里瓦不感兴趣，那么受托尼·克里斯汀启发的一首关于“侵蚀”的歌怎么样呢：

这是减缓侵蚀的方法吗？
使用防波堤让沙子在运动中存水，
把悬崖上的植被重新分类，
沥干悬崖上的重物为其减重……

讲故事法

这个方法严格来说并不能算是教学工具或策略，我们都会无意识地在课堂上给学生们讲故事，但我认为我们更应该告诉学生一些关于自己的奇闻逸事，或者我们在电视上看到的新闻或有关旧日生活的报道。不管这些奇闻逸事是事前准备的还是即兴发挥的，我总能惊喜地发现这个时候，学生的神情是最专注的。

我的前同事中，有一位名叫吉斯·赫斯特的教师是讲故事的高手。我们在同一部门任教时，我经常到他的课上去听讲并做一些随堂笔记。那些年，我曾听他讲过自己各种各样的趣事，比如如何在巴恩斯利郡长大，踢足球的童年，他的三个孩子以及他最敬爱的史密斯先生，这些奇谈怪论有些时候甚至能关联到一些经济学理论，他的学生总是被他深深吸引，全情投入课堂。

就像我在本章开篇提到的，让学生主动参与学习就是建立一种积极的关系，而精彩的故事正是连接你和学生的极好纽带。不管我们是不是为此做了特别的教学计划，讲故事这个方法确实是一个值得推广的有效方法。

卓越课堂管理的10个法则

这本书是关于优秀教学策略的，然而，不管这些活动的原理、步骤、目的或内容质量如何振奋人心，我们还是离不开课堂上的行为管理。

行为管理对于新教师来说，是他们从事教师行业之初主要的困扰。当然，那些已经获得荣誉称号的老教师也应该思考一下自己是否能管理任何一个过度兴奋的课堂或行为松散的学生。每当我思考学生某些课堂行为时，发现它们都暗示着教学并不像我计划的那样发展，结果也不尽人意，但这给了我做得更好的空间，让我尝试用不同的方式、语言去表达或传递自己的意图。不管我们现在处于职业生涯中的哪个阶段，也不管我们在处理这些行为时是否有信心，掌握一些有效管理课堂行为的基本原则是十分必要的。下文中的10条策略对每一位教师都大有益处。

为了概括这10条策略，我们将模拟一个情景展示如何在平常的课堂中运用这些原则。

事件	
学生走进教室，发现黑板上写有与课前活动相关的介绍和说明。	所有学生到达教室，开始课堂活动，在他们的小黑板上或本子上记下笔记，两三名学生一直在交头接耳而且没有准备好学习工具。

策略	
1. 见面和问好 当学生向你走来时，向他们问好并微笑。对于这节课来说，这是一个积极正面的开始并为你提供了一个在课堂开始之前向学生介绍和讲解活动说明的机会。例如，解决大家共同存在的问题或者安抚一个在午餐时间为某件事情感到沮丧或过度兴奋的学生。课堂是教学的地方，每一个学生迈进门槛时，他们必须准备好开始学习。见面和问好是一种检查学生状态行之有效的方法，如果你不能在学生进教室之前到达，那么可以制定一些规则帮助你检查每一位学生是否已经准备好了开始上课。	**2. 假设一致** 朝学生走过去，提醒他们还有3分钟的时间完成课前活动（用友善的态度），了解他们是否需要帮助或者检查一下他们的活动进度。这条策略表明我们完全相信并期待学生按照我们的指示行事，因此，我们并不需要站在学生后面直到他开始和其他同学保持统一。这是一个琐碎的事，但毫无疑问学生会在你转向他们之后完成这项任务。等待个别学生和其他学生步调统一是一项挑战。把你的注意力转移到其他方面，给没有准备好的学生一些时间，让他们积极地回归集体学习。

事件	
几乎所有的学生都完成了课前活动并且准备重新审视自己的想法，教师介绍本节课的课堂目标及预期成效。	课前活动结束后，你向学生解释接下来将是两两一组完成一项任务。你的余光瞥见苏菲和哈力马正在窃窃私语，并没有听你说话。

策略	
3. 提示语 为了保证学生准备好了继续下面的课程，我总会使用倒数3、2、1的简便方法。每一次数数后，我都会告诉学生该做什么，比如，数到3的时候，学生们应该都把笔放下，数到2的时候，所有的学生都看着我，数到1的时候，再等两秒钟，这种简单的提示语有助于建立日常规则并强调积极的课堂行为。就像上面强调的，在你的课堂上陈述那些显而易见的事情，解释你正在做什么（我现在要走过去检查大家的进度了），什么是大家应该做的（在现阶段，我希望大家都开始……）以及你有能力观察到的（我可以看到大多数同学都开始做这项任务了），而另外一些小变化则可以提高学生的专注力和集中力，那就是降低你的嗓门。如果一个学生因为你的大嗓门而神经紧绷，那么让他积极参与而不分散注意力是非常困难的。	**4. 停顿和靠近** 这是处理课堂轻微破坏行为的两条无声策略。当你全神贯注地讲课时，学生们可能持续不断地小声说话。一是停顿，停顿可以将学生的注意力抓回来并表示你不希望在讲课时有个别同学不专心听讲。在教室中间走动以拉近你和那些轻微破坏课堂纪律的学生的距离可以达到相同的效果。在吵闹的课堂上，让学生们集中注意力是非常重要的，绝对不能对此妥协和让步。然而，让他们遵守课堂秩序可能花费较长的时间，但无论如何，等待……然后再次强调你的课堂纪律和期望，你的耐心将在未来长期的教学中获得收益。

事件	
随着课堂的进行，学生们被重新安排到不同的小组进行练习。基南靠着椅背，将双腿搭在课桌上。	学生被随机分配一个号码并按这个号码重新分组之后，起身找到新的小组成员并互相分享自己的想法，但基南提出抗议，因为他不想和任何同学一起完成任务。

策略	
5. 积极的指导 不要用责骂的口吻对学生说“把脚放下”，使用积极友善的指导远远好过生硬的态度，你可以这样说：“基南，咱们坐直了，开始这个任务吧，谢谢。”积极的指导可以唤起积极的反应，也可以确切地表明你希望他们做到的样子，请注意我们在这个指导中不使用“请”、“你可以”这样表示祈使语气的词或短语。	**6. 一致性** 学校应该有明确的课堂行为规范，这样可以保护学生并给予他们持续不断的指导，以达到学校和教师的期待。基于这一点，我们有必要提醒基南学校的规章制度并告诉他所有学生都必须遵守同样的规章制度。确保你的课堂规则简单易懂、与校规具有一致性，展示一条循序渐进的上进路径。在此之前，不断重复你的课堂规范，提醒学生们遵守课堂纪律。

事 件	
所有小组集合完毕，但脾气乖戾的基南迟迟不肯遵守规则。	基南决定加入新的小组，但他把书包扔到了教室的角落并嘀咕着狠狠地摔了一下凳子。

策 略	
7. 选 择 现在是时候对这个学生使用最后通牒了。你已经多次提醒你对他们的期望并给予他们遵守纪律的机会，这时候最需要做的事情就是传递选择权："好吧，基南，你知道学校纪律，如果你坚持不参加小组活动，那么你就要去处罚室了，我给你一分钟的时间认真思考一下，然后告诉我你的决定。"这样做就是把选择权交到了学生的手里，他们要为自己的选择负责。你不需要把基南带到处罚室，在明了的课堂纪律面前，他是自己选择去的处罚室。任何形式的最后通牒，例如移动座位、留校反省、给家长打电话等，都应该是可逆的，即学生必须用积极的学习态度来扭转这一情况，否则，没有其他出路，诸如此类的方法都会让学生吃更多苦头。当然，处罚学生并不是我们的目的。逐步缩减处罚室可以让教师更加关注积极的方面。	**8. 忽略二次行为** 基南已经按照你的指导加入了新小组，但明显看起来并不情愿。首先忽略他的负面情绪，关注他已经遵循了你的指示这一事实。在这个时间点，忽略二次行为是有必要的，因为再次提及二次行为只能让问题升级甚至导致对抗。你需要转移注意力，关注课堂中其他学生的进度，稍后再来解决基南的问题。

事件	
最后一个活动已经完成，你开始收集每个小组的活动成果。哈力马看起来并没有集中注意力，这时候你要停下来提醒哈力马课堂纪律，而她抗议说其他同学也在说话。	全体起立，你宣布课堂结束。在这节课之后你还紧接着有一堂课，所以你让基南明天早上来找你。

策略	
9. 部分认同 学生们对于公平的感知力是非常强的，他们会对任何感觉到的不公平对待嗤之以鼻。你可以这样回答哈力马："可能是的，但我需要你百分之百地投入课堂。"你并没有反对哈力马的话或把她置于你的对立面，你也可以接着让哈力马做出自己的选择。学生们总是宣称他们的无辜或声称其他人也在这么做。作为教师，我们不可能看到所有的事情，只能处理那些我们看到的事，并用公平公正、不带个人偏见的方式，这一点同样也要让你的学生清楚。	**10. 修复和重建** 没有其他人在场的时候，你可以跟基南讨论一下他前几天在课堂上做出的那些不当行为。你首先要告诉基南为什么学生在课堂上需要与其他同学合作完成任务，他的行为有哪些问题。这时，你可以指出他的二次行为，如果单独来处理的话也是要被送到处罚室的，而在此时，他不会因为二次行为受到责罚。 给基南一个机会解释他的行为。这里也许有一些隐情，你了解之后可以帮助基南。最后，指出他的问题并告诉他你希望他今后怎样做。花费一些时间修复和重建与学生的关系是非常重要的，这可以让你把之前的阴霾气氛一扫而光并梳理那些你当时并没有解决的问题。 综上所述，修复和重建可以让你的学生清楚地知道你和他并不存在个人恩怨，你只是希望学生在课堂当中更加关注自己的学习。

这10条课堂行为管理策略可以帮助教师为每一个学生提供一个安全的学习环境，让每一个学生都取得进步。课堂管理的任何一个方法，其关键都是要在面对逐渐升级的问题时建立和应用一套明确且清楚的规则。通常情况下，我们的课堂管理法则可以分为四个层次（见图3.7）。金字塔最底端的原则，我们称其为前瞻性原则，发现行为问题之前使用。我们把第二与第三级中的原则称为应激反应原则，用于管理学生的注意力、课堂态度以及行为，提出我们对他们的期待并给予相应的警告，第四级是我们需要强调的纪律和规则，这些是学习行为守则上明确的条文，在最后一个环节——修复和重建中，向学生再次确认你的期望和关注点，即他们的学习。

小 结

在本章中，我们探索了一系列用来帮助学生积极参与课堂的策略，这些策略让我们重新回顾和强调知识点，测试理解程度，实践技能，检查课堂进度，增强课堂的活力和生命力。然而，如果它们没有被合理地应用，或者学生们没有得到相应的挑战，这些策略就都是无的放矢。所有的实用策略都存在于我们教师的“兵工厂”中，适度的合理使用才能达到最佳的效果。同样，课堂行为管理策略也只有建立在一定规则之上并在日常教学中被持续应用时，效果才会更加明显。另外，如果我们不了解学生是谁，不清楚他们喜欢什么，这些教学技巧也是毫无用处的。学生们需要知道我们在乎课堂中发生的所有事情是因为我们在乎他们，向他们清晰地表明了这一点后，我们就有能力和他们建立起一段积极融洽的关系，我们期待的课堂行为就会随之出现。

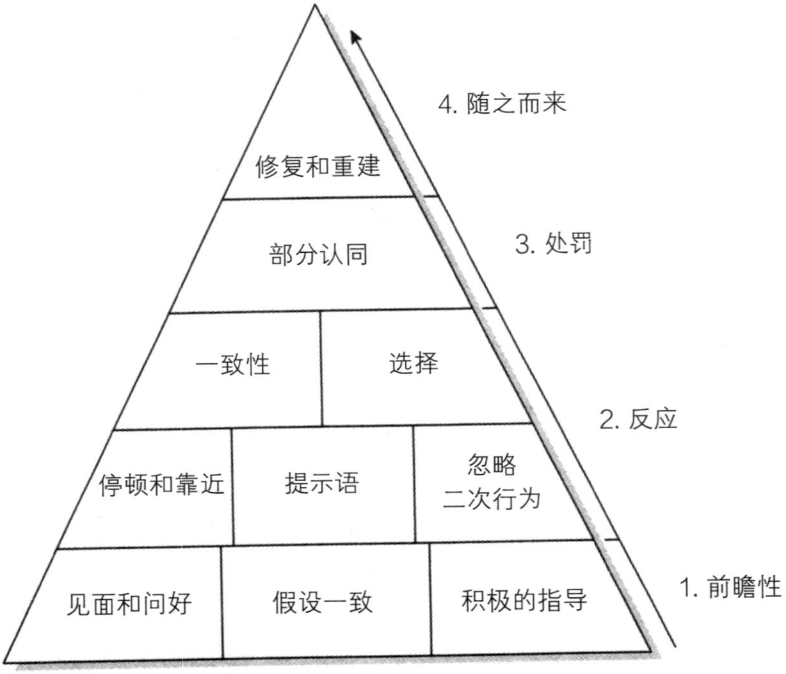

图3.7　课堂管理策略金字塔

4

第四章
培养学生合作学习技能

在一个卓越教学的课堂中，你会看到什么？教师在做什么？学生们在做什么？有些人可能幻想出这样一个场景：一个安静的教室中坐着神情专注的学生。但我猜大部分教师想象中的场景可能是学生们正在合作学习——他们和教师或同伴进行对话，分享他们的想法和观点，提出问题并一起完成任务。无论何时，当我和同事们讨论和描绘卓越课堂的主要特征时，一个要素是必不可少的，那就是学生间的合作。有些时候，你一走进一个课堂就能立刻知道它是否优质高效，因为教学成果显而易见。当然，在学生们有目的地进行小组活动时会一直伴有嗡嗡声，我们很难说这是一个好现象，但与在安静的课堂里，学生们个个孤立地学习相比，它的好处便清晰可见。

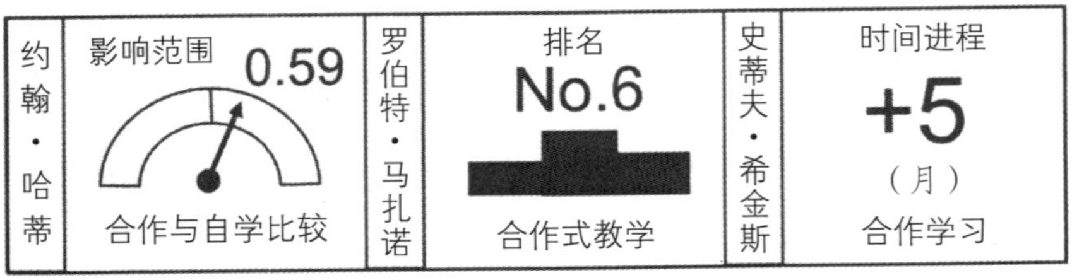

图4.1　以事实为基础的研究是合作学习重要性的一个强有力的证据。

合作学习对学生成就有重要影响。比起传统的教学方式，即学生被动地从教师那里接收信息，合作、以提问为基础的教学可以进一步提高学生参与度以及保留学习材料的积极性。1200多份关于合作、竞争以及个人努力的比较研究表明，合作学习提高了学生完成任务的效率并激发了学生学习的本能。如果我们把教学看作一个社会进程的话，那这些发现并不出人意料。亚伯拉罕·马斯洛著名的人类需求层次理论区分了人类动机的五个不同层次，如图4.2金字塔所示。在此，我想请大家思考一下这五个需求——从基本的生理需求到自我实现（渴望成为自己理想中的样子）是如何在教学中被满足的。从教学的角度出发，我们重新审视了每个层次的概念并做了一些轻微的调整（见图4.2），教师要考虑如何帮助我们的学生在课堂上达成这些需求。在我看来，他们的关爱需求和归属感是从帮助他人中得到满足的，而这也让学生认为自己是学习团体中的一个组成部分。

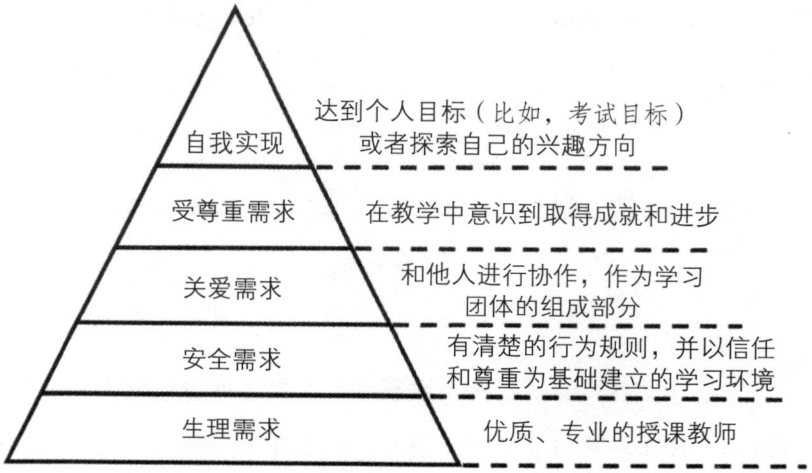

图4.2　教学中的马斯洛金字塔

合作学习在布置信息查找资料、方法收集和解决问题这样的任务时使用效果最好，在社会中，重大问题都是人们合作解决的。让学生在社会中走得更加长远，这是要采用合作学习的重要理由。看一下图4.3并完成下面的练习。

图4.3展现了两种学习方法，左边的是教学被设计为获取知识，右边则是教学围绕着查找资料与解决问题而开展。参照图谱看一看，你把自己的教学置于哪边呢？

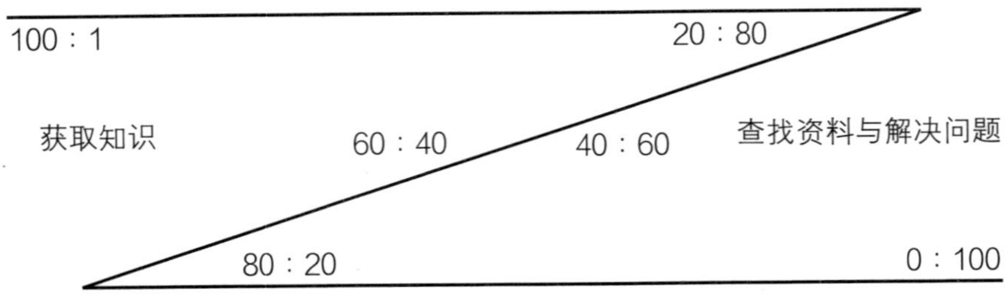

图4.3 教学图谱

当然，这里并没有所谓的正确答案，大家也会争论说如果学生没有获取相关知识是不可能解决问题的，但是作为教师，你的决定会极大地影响你的教学方法。在以学生获取新知识为目的的课堂上，我们通常会看到学生在被灌输一门课程，然而，采用图谱右边理论的课堂上，我们可以看到学生在理解一门课程。

如今，信息发达，教学界也掀起“翻转课堂”的变革。学生们通过网络从成千上万的视频中获取知识，决定学习内容是再容易不过的事情了。进一步说，数字化教学资源让教师分享信息以及学生们跨越教室边界共同学习也变得容易很多。那些使用“翻转课堂”模式的教师很自然地就把他们的课堂移向了图谱的右边，在这样的课堂上他们充当的是助学者而不是一位专家。信息通讯技术在合作学习中有很大的作用，因此，我会在本章末与大家分享一些数字化教学资源。

尽管无数经验表明合作学习在任何教学环节中都有好处，但完成它并不是一件容易的事。它需要周密的计划和思考，而不是简单地把学生分成小组完成任务。事实上，让学生以小组的方式学习，不管是教师分配的还是由学生自由组合的，都可能对教学造成不利的影响。

有好几次，我让学生分成小组后，立刻就后悔了。给出指令后，我没有预估到接下来会发生什么。通常情况下学习小组会自然地形成，但在我的课堂上却发生了这样的“灾难”，学生们测试着对彼此的忠诚并为了加入那个有他们自己朋友的小组而动手打架。没有什么比看到一个学生离开或被他的小伙伴排除在外更加令人沮丧的了，我们必须尽可能地避免这种事情的发生。而当小组组合成功时，你也不能保证他们会按照我们希望的那样发挥出小组的最大功能，其中不乏有“搭便车的人”，也就是借着合作学习坐享他人学习成果的学生，或者小组成员因为意见不同而关系破裂，这更让人感到沮丧和挫败。

在合作学习中，学生们必须拥有很多我们在第二章中讨论的能力以及性情，不论何时，他们必须把合作学习视作开发沟通、团队协作、领导技能，检测他们会不会倾听、耐心及妥协的好机会。不断地提升这些性情，和我们要求学生拥有解决问题和完成任务的能力是一样重要的。学生必须同时参与到活动中来，它们都是为鼓励合作而设计的有效活动。有合作能力的学生，通常会表现出三个比较明显的特征：

1. 积极地相互依赖。小组活动规则是每一个学生都取得成功时才能算整个小组完成任务。活动中每个学生虽然角色不同，但都必须依靠其他组员的支持才能完成任务。

2. 富有责任感。学生清楚地意识到自己作为小组成员担负的责任以及要做出的贡献。

3. 拥有集体感。学生会自觉地把自己看作学习团体的一分子，明白他们应对这个团体有所贡献，同时也从中受益。除了和关系好的同学分到一组，和不熟悉的同学分在一组应该是一种规则与常态。

本章中论及的教学策略都是经过精挑细选的，有助于教师在课堂上组织合作学习。要实现有效的合作学习，学生需要具备前述三个特征。

培养学习的分享意识

学习带头人

前不久，我观摩了一节五年级的数学课。我去的时候老师和学生都还没有进教室，于是我找了一个角落坐下。离上课还有几分钟，学生们陆陆续续开始走进课堂，有一些看到我显出了好奇的表情，但我都没有特别回应，以便让学生觉得这跟平时的课堂没有什么不同。有一个女生拿进来一些黑板（这些黑板好像餐具垫），并分发给其他同学，一个男生径直走向黑板擦拭上一节课留下的板书内容，还有一个学生在教室前面重新安排椅子的位置。

这令我印象深刻，大多数学生都有明确的角色，这些角色甚至可以简单到在课堂结束后数一数收回来的剪刀数量，同时，我也被学生们拥有自己的学习空间以及有意识的团队合作深深吸引，这样的教学可以说是有针对性、合作性的，是以学生为中心的。

目前，学生已经很少在课堂上享有独立的学习空间了，他们可能因此丧失一些他们与生俱来的独立能力。这里我推荐一个自己常用的方法，既节省时间，又能培养学生的团队合作与集体意识：我是一个特别“健忘”的人，因此把那些重要任务都交给我的学生。不要忘记，给予学生助手适当的奖励。

学习带头人是一个包含12名学生的角色教学法，每个角色都有其特别的关注点并对教学任务做出相应的贡献。学习带头人卡片（见图4.4）可以在课前发给学生，比如学生进入教室时或给他们分配座位时，向他们适当地说明如何担当这个角色所负有的责任。每一节课都要转换角色并保证所有学生都有机会担任不同的学习带头人。

接下来我们将对每一个学习带头人角色进行描述，介绍在什么情况下什么角色会起到积极的作用，其中有一些角色对我的教学非常有用，你可以逐步向学生介绍这一教学法或选择一些适合你班级的特定角色。

字典伙伴（贯穿整个课堂）

“字典伙伴”就是指学生扮演角色，检查其他同学或整个班级的拼写。在黑板上写板书常常是教师的工作，但你可以让“字典伙伴”这个角色的学生完成，或让他/她检查拼写。拼写练习后使用这个方法吧。

“字典伙伴”的第二个任务就是为同学们查找生词，并在黑板上写下这个词语的含义。我们也可以安排另一个学生充当“字典伙伴小助手”，负责查找词典中的同义词，这是在描述类和创造类写作任务中非常重要的角色。

目标监督人（贯穿整个课堂尤其是开头和结尾）

“目标监督人”身负几项任务。首先，在课堂开始，确保每个同学都了解了本节课的教学目的。这也许需要教师的引导，让教师再阐述一遍。课堂进行中时，“目标监督人”要监督进度，并在需要时强调他们的教学目的或部分教学目的是否达到了。“目标监督人”可以举起他们的“目标监督人”卡片来吸引教师的注意力，并这样说：“老师，我认为我们已经完成了第一阶段的教学目的，因为……”

课堂结束时，“目标监督人”要说一说自己的想法，对课堂是否完成了教学目的提出他们的观点，教师可以顺势提出这样的问题：“你能解释一下为什么吗？”“你是怎么知道的呢？”其余学生听到这些对话时，同样可以对自己的进步进行反思，这样的问题在课堂活动之后提出来是最有益的。

时间技师（需要时使用）

时间技师是一个非常实用的角色，它能让学生提高注意力并始终关注任务。时间技师就像一个计时员，协助教师开展有时间限定的活动。时间技师有权提醒整个班级还剩余多少时间去完成任务，或课堂上还剩下多少知识点没有讲解。如果配给时间技师一个可以计时的腕表则最好不过，或者他们也可以使用手机上的计时功能。

搜索引擎家（需要时使用）

在任何课堂上，学生们都应被鼓励保持好奇心以及探索书本以外的知识，有些问题可能教师都无法给出答案，但搜索引擎可以！扮演“搜索引擎家”的学生要负责找出其他人提出的没有现成答案的问题的相关信息，“搜索引擎家”可以使用班级中的电脑，教师的笔记本电脑或者自己的电脑上网搜索信息。

组织大家讨论这些新信息或答案的相关性、准确性、可靠性等，当然也包括如何使用这些信息。

答案分析员（课堂最后使用）

“答案分析员”要找出谁在课堂上最精准地回答了问题。这个学生会拿到一张信息提示卡指导他/她思考什么样的答案才是最好的并试图在课堂当中指出来。他/她可以依据教师的反馈以及对某个回答的表扬挑选出精彩的回答，这种方式能帮助学生选出辨识度高的问题。“答案分析员”与其他角色，如“问题鉴定家”、“同伴表扬者”一起，在课堂结束时举起他们的卡片，分享他们的选择。这些角色都可以帮助学生意识到正面的贡献并庆祝他们的成功。

问题鉴定家（课堂最后使用）

就像“答案分析员”一样，“问题鉴定家”的责任是挑选和表扬那些好例子。教学并不是一个单向的过程，学生应该被鼓励去形成自己的问题，这样有助于深度思考。“问题鉴定家”应该在课堂上找出那些引发深度思考和涉及高阶技能的具体例子，最好的例子能促进学生与教师一起思考。

妙语唤起者（当提出妙语时）

“妙语唤起者”的角色用来鼓励学生在课堂上使用关键词语。“妙语唤起者”选出一个在前几节课学过的单词或短语，然后找出在课堂上第一个恰当使用这个单词或短语的学生。如果学生有一个信号器或响铃会使这个活动更加有趣,第一个说出妙语的学生可以获得奖励——一个星星、奖章或一块糖果。小心提防那些想要和小伙伴分享奖品而把妙语答案泄露出去的妙语唤起者哦!

技能挑选者（课程开始或需要时使用）

“技能挑选者”的任务是着重强调那些在这节课上取得成功的必要学习技能。“技能挑选者”的卡片上建议了一系列学生们推举的最重要的技能。例如，如果一堂课需要学生组成学习小组并不限时间地完成某一任务，那么学生可能认为团队合作是取得成功的关键技能，他们会顺着这个方向解释为什么自己认为这是最重要的技能并提出建议，告诉每一个人应该如何去做以确保他们可以作为一个高效小组完成任务，这样做的目的是让学生对于他们的动作和行为进行思考，其他学生同样可以参与到对话中来并提出他们的观点。当“技能挑选者”挑出对这节课有利的技能之后，其他同学将在课堂上通过他们的行动和行为反映这些技能。结合这一点，向学生们展示“教学条件模型”这个技巧（第80页）可以鼓励高效的反馈及讨论。

性情医生（课堂开始或需要时使用）

“性情医生”的角色和“技能挑选者”的角色如出一辙。事实上，在这堂课开始之前，让这些学生在一起讨论他们的想法是非常实用的。再一次说明，“教学条件模型”这个教学技巧可以帮助全班思考他们在课堂上取得成功需要的性情特质。

信息调查员（课堂结束时使用）

“信息调查员”要思考两个问题：第一，今天你学到的内容是如何与学科其他知识或其他学科相关联的？第二，你今天学到的最重要的事情是什么呢？实际上，这两个问题是所有学生都应该思考的，“信息调查员”的任务是带领全班同学认真思考、公开讨论这些问题。

报数员（课堂需要时使用）

倒数计时是一个非常有效的行为管理技巧，它可以让你的学生专心聆听。前提是当你数到0的时候，所有学生都保持安静、面向前方并仔细聆听。我通常是从3开始倒数，不过从5开始效果也不错，这样每个学生都能在听到倒数时放下手头的事情抬起头专心听讲。“报数员”可以帮你做这件事情。当你需要学生安静下来专心听讲时，给“报数员”一个示意后开始倒数计时。在“报数员”的卡片上告知学生如何进行倒计时。例如，如果当前整个班级在完成一个任务时表现得过分活跃、吵闹时，“报数员”应该慢慢地以0.5为单位进行倒数计时。挑选自信、使命感强的学生充当“报数员”。哪怕你的课堂上有许多行为不当的学生，赋予他们这样的职权，也能促进他们管理自己的课堂行为。比如，把“报数员”这张卡片给一个特别爱说话或思想不集中的学生，是把课堂上最捣乱的一员变成你最强大的支持者的绝佳方法。

同伴表扬者（课堂需要时使用）

不同于“答案分析员”和“问题鉴定家”，“同伴表扬者”可以给同学任何好的表现以积极的评价，它可以是作业完成得好、对小组做出积极贡献或帮助了另外一名同学等行为。“同伴表扬者”可以随时举起卡片给出他们的表扬。另外，你可以让“同伴表扬者”在课堂最后分享他们的观点并对一些学生的行为进行点评，给予“同伴表扬者”赞扬其他同学的权力，同时赋予他们在一定时间内随意走动的自由。

以上便是对我的教学有莫大帮助的12个角色，如果你喜欢上述概念，不妨尝试一下。记住，不管你采用何种策略，最终目的都是为了鼓励学生参与教学活动，并与学生融为一体。

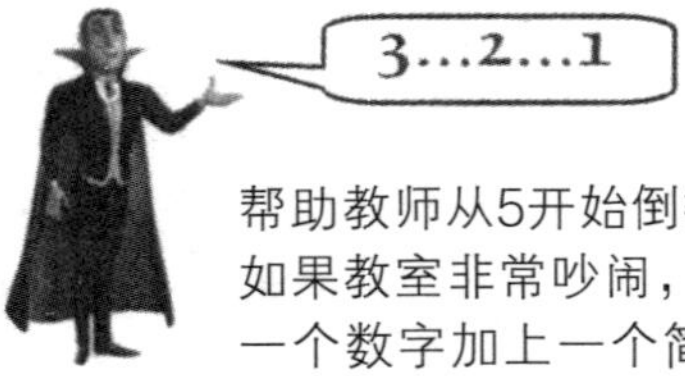

报数员

帮助教师从5开始倒数计时，以便让全班同学集中注意力。如果教室非常吵闹，那么放慢你倒数计时的速度，并给每一个数字加上一个简单的说明。比如，“完成你的句子”，“开始看这个段落”，“放下笔”等等。
举起这张卡片，实践你的权力吧。

字典伙伴

你的角色是使用字典帮助同学们查找生词的拼写或含义。
你可以把这个生词写到黑板上分享给其他同学。
举起这张卡片，实践你的权力吧。

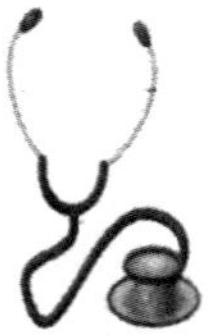

性情医生

你的角色是判断在课堂上可以取得成功的重要态度和性情。思考那些你参与的活动并斟酌下面提到的性情，和同学分享你的想法并解释原因。
好奇心……冒险精神……执着……独立……主动权……顺应力……适应力……耐心……你还可以想到什么?
举起这张卡片，实践你的权力吧。

目标监督人

你的角色是确保课堂上的每一个同学都熟悉今天的教学目的，这可能需要你先让教师再一次强调它们。在课堂末尾或课程进行中，你要反映这些目标的执行情况并说明教学目标是否已经达成。
举起这张卡片，实践你的权力吧。

同伴表扬者

你的角色是甄别出两三位你认为在这堂课上表现最杰出的学生，这些学生可以是在课堂讨论中表现积极的、完成作业特别出色的、乐于帮助他人的或你认为在任何重要方面成就突出的学生。课堂结尾给出你的表扬。
举起这张卡片，实践你的权力吧。

问题鉴定家

你的角色是选择在课堂上学生提出的最好的问题。思考一下什么算是一个好问题……它是一个高阶问题吗？它让人们（包括教师）思考吗？它是一个关于为什么、如何或会怎样的问题吗？
在课堂结尾和同学们分享你选择的问题。

图4.4　学习带头人角色卡片

鼓励学生积极参与小组合作

高效小组的5个角色

一个高效团队的力量要远远大于零散部分简单相加的总和力量，这也就是课堂练习中引入合作学习的一个原因。通常，学生们在与同伴一起学习时参与度更高，并能向他人学习。它的缺点是某些小组成员会在某一个任务进行时不积极参与或相对安静的学生被那些更加自信、支配型的同学支使得团团转。根据我的经验，团队越大，就越可能出现这样的学生，即经济学上所指的“不劳而获者”。

给予小组每个成员特定的职责能避免这个问题，确保所有学生都参与任务。为一个任务设计角色非常困难且花费时间，这里为你介绍五个通用的角色，它们可以帮助我们进行高效的合作学习。

- 守门员——保持小组成员的注意力并保证每个成员都参与到任务中来。
- 计时员——记录时间并提醒每个成员还有多少剩余时间。
- 记录员——负责记录小组成员讨论的想法和做出的决定。
- 检查员——检查教学目的是否已经达到，总结小组成果并分享给班级其他同学。
- 质疑员——向同组成员提问：我们怎样能做得更好呢？

你可以这样做

- 在黑板上向学生展示这些角色，或制作角色卡片分发给学生。
- 解释每一个角色的作用后，学生们在小组中自行分配角色或教师使用角色卡片指定每一个人的角色。

• 开始小组活动并积极强调每一个角色的使用说明。

• 这些角色的优点是它们可用于任何类型的活动中并确保所有学生都有独立的职责，都对小组最后取得成功做出自己的贡献。

来点儿小变化

根据小组规模适当增减角色。例如，“检查员”可以被分离出另一个新角色——“报告员”，其任务是向全班同学汇报他们的小组成果，这样你就有了六个角色。这些角色不仅有利于合作学习的管理，也是课堂行为管理的高效方法。

教学小窍门

在指导小组活动时，你可以这样说，“守门员，记住你的任务是要保持小组成员的专注力哦”，以此提醒学生扮演好自己的角色，同时让其他同学集中注意力。这是给全体的指令，意味着你不需要对一两个可能正在讨论前几天足球比赛的学生给予特别的关注。

专家小组

这个活动在学生被要求收集和利用一些信息去解决一个问题时使用，将学生分组，扮演成专家。赋予学生这种角色，不仅能让他们积极地与其他同学合作学习，也能让他们在某个方面获得特别的技能或专长。

你可以这样做

• 选择一个由4~5个部分组成的活动，例如，人体呼吸系统的五个部分。将每个部分指派给一个学生专家小组负责学习、分析，组成部分的数量决定了小组的大小。

• 分别给每个学生一个字母和一个数字，如A~E、1~5。

• 第一个活动是让学生根据数字加以组合，拿到相同数字的学生为一组，获取关于其中一个部分的知识。在前述呼吸系统的例子中，你可以让学生们成为喉、肺和胸膜的研究专家。

• 完成这一活动后，学生们以字母的方式重新分组，并与新成员分享他们在上一个小组里学到的知识，并为每个部分汇总所有的知识点，向全班进行系统的介绍。

来点儿小变化

教室的大小通常都不允许开展专家小组活动，但我们可以灵活地把这个方法用于任务中，例如，找出附加信息来解决问题。把信息放在讲台上或粘在展示墙上，让每个小组选出一个组员来获取相关的知识，然后回到自己的小组传播这个信息。在这种情况下，只有一两个学生成为某一个问题的专家，这就大大缩减了活动的规模。

谈话代币

代币可以在很多活动中有效地鼓励课堂参与或用作限制学生不当行为的教学资源。谈话代币可用来鼓励学生在课堂上或小组讨论中做出贡献。这种方法对于想法收集环节特别有用，它可以防止那些表现欲过强的学生支配这个活动。

你可以这样做

• 根据你期望学生所做的最小贡献，分配给他们相应的代币。

• 明确规则：他们每做出一次贡献，例如提出一个新想法、观点或办法就提交一个代币。如果只是简单地陈述事实，那么就不用提交代币。

• 向学生解释，在课堂或活动最后，他们手里应该没有一块剩余的代币。

• 根据不同的任务向学生发放不同数量的代币。

教学小窍门

清楚地阐明规则：每次仅仅陈述事实是不能提交代币的，只有交换自己的想法和观点才能提交代币。这样才能促进学生们思考并形成自己的见解，这也是这条策略的目的所在。

这个活动与“拍卖会”（第118页）和“饼状图”（第88页）一起应用效果更好。

复合答案

这个活动让学生们互相帮助共同创造出一个好答案，即选出一些学生答案的精华组合成复合答案。它可以让学生接触到其他同学的出色表现，分析和评价别人的想法并对好答案的特点有更清晰的了解。

你可以这样做

• 就某个重要概念或主题设置一个写作任务，要求所有学生独立完成。

• 把学生分成三到四人一组的小组，让他们讨论什么是好答案，并标记出来。

• 每个小组创造一个复合答案，里面至少要包含每位同学答案的一部分。

• 每个小组读出他们的复合答案并解释每一个部分被挑选出来的原因。

• 使用不同的颜色或字体标注每个学生的入选答案。

教学小窍门

这个活动可以用来评估学生的家庭作业。以小组为单位，学生们一起分析和评价他们的答案。在得出一个复合答案时，学生们也能收到同伴们有质量的反馈。久而久之，也许他们都不再需要教师为他们的家庭作业打分了。

这个活动与“全面头脑”（第108页）以及“创意接龙”（第165页）一起应用效果更好。

建立共同学习体系

学生辅导员

研究证明，90%的学生在参与辅导和教授其他人知识的时候可以同时记住、强化他们所教的知识。因此，我们要在适当的时候使用这个方法。

这个方法要求我们选出那些对一个概念、过程或技能已经了如指掌的学生来帮助其他同学。我们可能无法顾及到课堂上的每一个学生，而这个技巧则可以解决这个问题。能在一堂西班牙语课上翻译出一段文章，完美解决一个数学问题或在体育课上完成一个技巧的学生都可以担当这个角色。

应用学生辅导员这个角色有三个优点：

1. 在班级中培养出支持和互助的文化。

2. 学生辅导员可以获得帮助其他同学的机会并巩固自己的知识。

3. 教师有更多时间去评估课堂进度，把握整个课堂。

图4.5　学生辅导员卡片

你可以这样做

• 让学生佩戴学生辅导员卡片来明确身份（见图4.5），我发现学生们特别喜欢那种把卡片挂到脖子上的方式。

• 可以向学生们这样宣布，比如："夏洛特在接下来的10分钟将作为植物构造这部分的课堂辅导员，她会帮助任何一个对这个问题有疑惑的同学。"这不仅仅是给夏洛特一个身份，也提供了一个特定的时限，这时她就可以从座位上站起来"辅导"其他学生了。

• 让所有学生而不是那些最有能力的学生担当辅导员会更有效果。

来点儿小变化

把学生辅导员的角色作为一种奖励赋予在某个任务中表现特别出色的学生，请他/她与全班同学分享自己的方法或心得。

沉默画廊

这个活动让学生从彼此的作业中学到知识并鼓励互相协作的氛围，在“沉默画廊”中，学生们静静地在教室中走动，浏览同学们放在课桌或钉在墙上的作业。活动持续10分钟左右。你可以根据课堂规模大小与作业难易程度适当增减时间。

你可以这样做

• 在“沉默画廊”活动中增加评价和奖励策略，学生在教室中走动时要选出他们认为最值得奖励的三份作业。

• 学生们在自己选择的作业边上画上标记表示对这份作业的奖励。如果你认为标注记号并不好，那就试试便贴纸。例如，我过去使用的三个奖励是最佳原创想法（电灯泡贴纸）、最佳实用方法（扳手贴纸）以及最努力作业（星星贴纸）。每个学生只能把一种奖励投给唯一一份作业。

• 活动最后，赢得最多标记的人获胜。教师可以把这些作业拿到讲台上并开展班级讨论，让学生说说为什么这些作业是成功的。

来点儿小变化

“沉默画廊”也可用来练习信息分享。组织学生在不同的小组中研究、分析不同话题，并展示作业成果。例如制作一幅海报，让每个小组在教室中走动，浏览其他组的成果并从中收集信息，或者同时完成一张含有多个问题的表格。

思考—组对—全体一致—分享

思考—组对—（全体一致）—分享是一条众所周知能鼓励小组讨论的教学策略。在课堂上提出一个问题，给予学生30~60秒独立思考的时间，再让他们与自己的同桌进行小组讨论，时间也为30~60秒。“全体一致”这一步是选择性的，它根据课堂规模的大小及安排决定是否采用。每一个小组转向另外一个小组进行进一步讨论，传统做法是让前后桌（围成一个正方形）四个人一起讨论，时间还是30~60秒。这时候，所有学生通过小组讨论至少形成一个想法，然后教师开始直接提问。例如，“萨斯基亚，告诉我你的小组是怎么看待这个问题的”，学生分享他们的答案。这种技巧可以帮助学生进一步拓展他们最初的想法，避免个别学生因不能回答出问题感到尴尬或反应最快的学生马上给出问题答案。

测验、测验、交易

这是非常好的复习策略，让你的学生在班级中动起来，分享方法并向对方提出问题，这个活动是由斯班瑟·卡根发明的。

你可以这样做

• 每一个学生都拿到一张写有问题的卡片。活动之前，你根据教学内容提出一个问题，其答案应该是立足于一个观点或关键知识点的简短论述，将答案写在卡片背面或由学生自己找出来写在卡片上。

• 让学生在教室中走动，找到合作伙伴。组对成功后，他们依次向彼此提出问题，在对方解答后分享正确答案。

• 完成一组测验后，学生互相交换卡片并寻找下一个合作伙伴，继续这个过程直到每一个学生回答过每一个问题。活动最后，学生可能会回答他们之前已经答过的问题，没有关系。交换卡片可以帮助学生记住哪个同学之前向他提问或回答过他的问题。

教学小窍门

为每一张问题卡片排上编号，可以帮助学生们找到那些他们还没有回答的问题。

快速约会

让学生在教室里快速配对，目的与“测验、测验、交易”一样。每个学生都有自己的专长，和其他同学互相交流从而得到有利于双方的信息。这个方法在你要求学生理解大量信息时特别有帮助。

你可以这样做

• 给每个学生一个概念或一个话题，给予他们一段时间，形成和总结自己的想法并写出来，比如写出这个概念的一些特点或三个关键短语。

• 以下有两个活动，你选择一种形式让学生开始他们的“约会”，分享他们的信息。在规定时间内，比如每隔3~4分钟，学生就轮换一个新的合伙人并说明他的话题。

- 形式一：晚餐派对模式——每个人都可以遇见班上的其余同学，组织你的学生坐在一个长桌的两侧，面对面地朝向对方。如果你的学生数量是偶数，两端就不需要坐人（见图4.6）。学生们按照一个方向围着桌子轮换位置，直到每一个都坐过其他人的对面。如果你的学生数量是奇数，那么你可以轮空一次或自己加入这个活动。

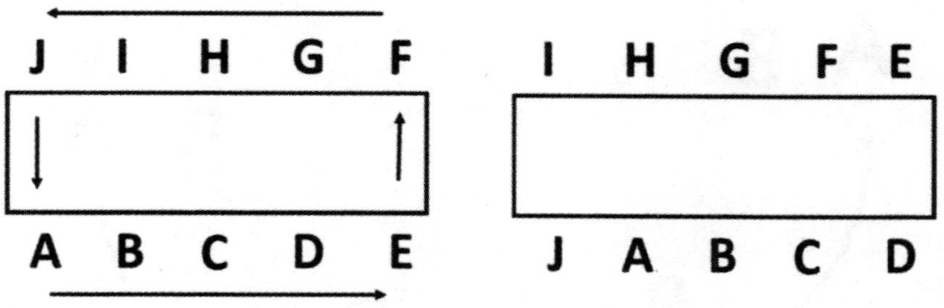

图4.6 晚餐派对模式

- 形式二：双层圆圈模式，如果你没有足够的课题分给每一个学生，那么你可以相对简单地重复角色。把学生们分成A、B两组，分别安排在圆圈的内部和外部（见图4.7）。A组学生和B组学生面对面交流，规定时间一到，B组保持不动，A组按顺时针或逆时针顺序移动，直到坐回最初的座位。

- 最后，所有的学生都涉及了一系列的话题并制作了一套综合笔记。

四向问题表

这个练习是让四名学生组成一组，一起解决四个问题。

你可以这样做

- 制作一份“四向问题表”，表上的问题或相对独立，或彼此关联

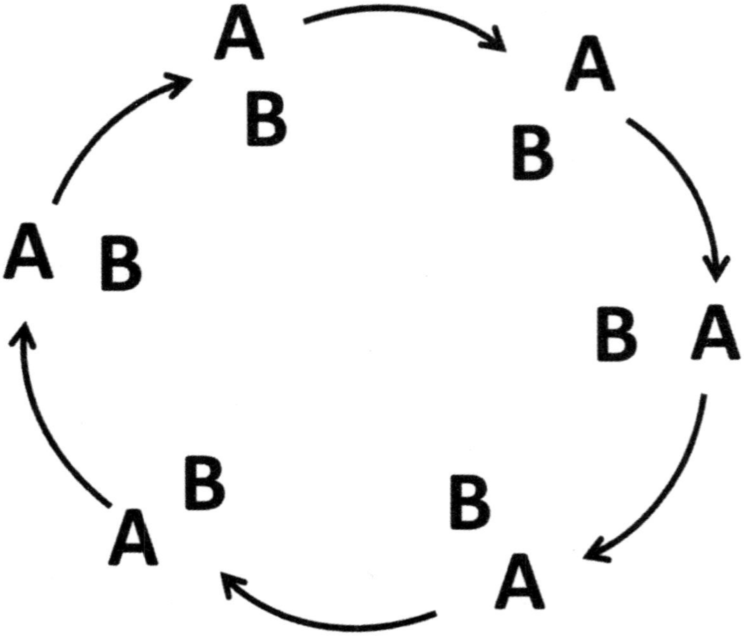

图4.7 双层圆圈模式

（见图4.8）。

• 学生四人一组，每个成员分别别上1，2，3，4的编号并围着一张桌子尝试在规定时间内解答问题。

• 时间一到，1和2一起，3和4一起，几分钟过后，停止讨论并交换合作伙伴：1和4一起，而2和3一起。

• 在讨论过程中，学生们可以花费几分钟的时间完善他们的答案或者改变他们解决问题的方法。

来点儿小变化

让每一个学生读出他们的问题，在给出答案之前和两个合伙人一起讨论答案与方法。

主题辩论赛

使用一些简单的辩论原则是帮助学生进行系统化思考、开发他们的分析和评价技巧的有效方法，同时还能塑造一种竞争的氛围。下面介绍的是一种操作简单且适合课堂教学的辩论方法，注意，严格控制辩论时间将增强正式竞赛的气氛，避免无序与吵闹。

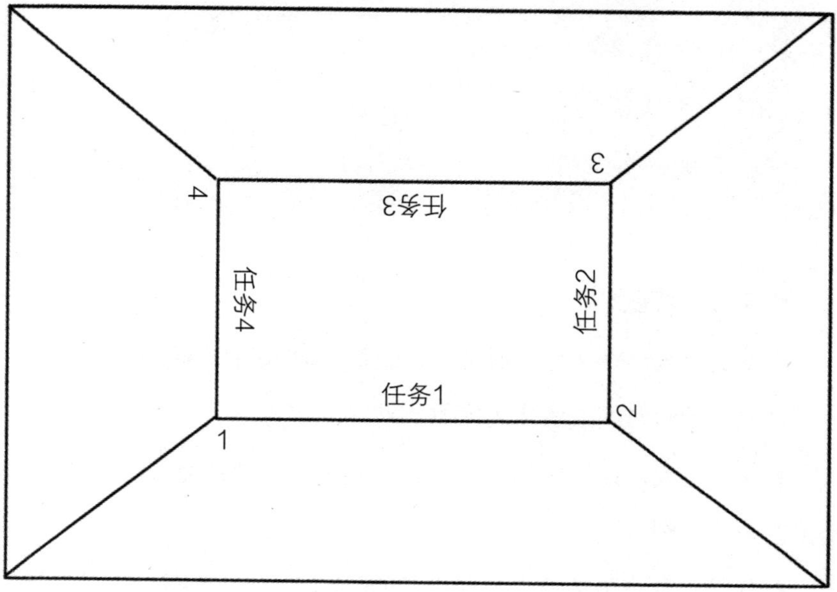

图4.8　四向问题表

8分钟介绍一个事件或观点（教师或学生主导）

6分钟立场阐述——正方

6分钟立场阐述——反方

5分钟讨论时间

3分钟辩论时间——正方

3分钟辩论时间——反方

2分钟讨论时间

3分钟回答时间——反方

3分钟回答时间——正方

1分钟讨论时间

2分钟结束陈词——反方

2分钟结束陈词——正方

宣布获胜方

你可以这样做

• 设定辩题，将学生分成两组，给他们时间研究辩题和准备材料，这可以占用课堂时间或者作为家庭作业的一部分。

• 辩论当天，让学生们正装出席课堂（非强制性的），这可以增加辩论的正式氛围。

• 布置教室，组织两个辩论队正面朝向对方，按照上述时间规则开始辩论。

• 把辩论过程录制下来作为复习资源或上传至校园网，能极大地激励学生尽力表现。

教学小窍门

为了确保每一个学生在辩论中都有所贡献，使用一些工具如谈话代币，记录每一个学生贡献的想法、观点的数量。

创意接龙

这是一个富有创造力的课堂活动，它可以让学生们涌现出新的想法和灵感。运用设计表（一个抽象拼贴画，用来展示一个设计的主题及色彩），这堂课可以展现出一系列独一无二并富有创造性的设计。

你可以这样做

• 发给学生一人一张A4或A3纸，他们可以把它分成6~12等份（由时间决定），在第一个空白格中画出他们最初的设计。

• 学生们在教室中移动，坐到另一个同学的设计表边，用20~30秒的时间研究一下这个设计表。

• 使用钢笔（不是铅笔，防止学生擦掉），在限定的1~2分钟时间内（你可以提醒剩余时间），学生在他们面前的设计表中某个空白格中画出自己的设计，鼓励他们尽可能地添加细节，包括相关的注解。

• 在每一次设计转换时提供倒数计时。音乐是有效的工具，它可以帮助学生专心致志并随时在重要的转换中停顿。

• 任务进行时，可以逐渐增加难度。教师应该提供一些指导，比如：

◆ 将表上的前两个设计有机融合为一个设计。

◆ 扩大之前设计当中的一个部分。

◆ 缩小之前设计当中的一个部分。

- 去掉之前设计的一个部分并用新的东西代替它。
- 假设你是Lady Gaga的设计师，设计出一些新样式。

活动最后，学生们回归原位看到自己的设计表时，他们会非常欣喜，因为表上增添了很多富有创造力的新设计（见图4.9）。

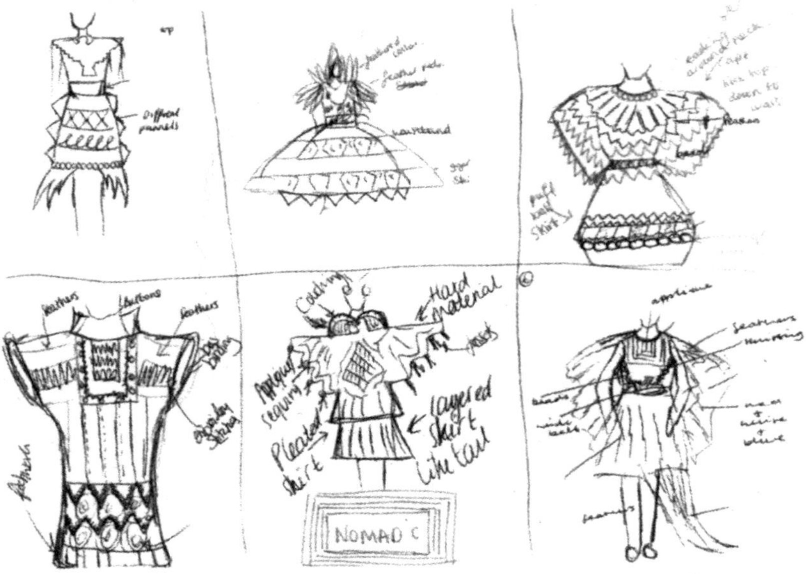

图4.9 创意设计表范本

击鼓传花写作

这个技巧将鼓励学生从最初的观点扩展出更丰富的答案，学生可以借此开发他们的写作技巧或进行有效的复习。

你可以这样做

- 活动开始，让每个学生都写下一个跟课堂主题相关的论点。比如，今天讨论的是选举，那么论点可以是“所有社会成员都应该被赋予选举的权利”。为了确保论点范围的宽度和多样性，最初的论点可以由教师提供。

• 要求每个学生在这个论点上增加一个新观点。提供一个框架以便学生们形成自己的答案，这里可以应用如下六步法。

1. 基于事实或观点的论点。
2. 描述/解释：这个意思是……，这个是因为……
3. 拓展论点：进一步说……，结果是……，总而言之……
4. 举例/证据：例如……，我们了解这些是因为……
5. 中和/批评：然而……，另一方面……，但是……
6. 结论/判断：总体上说……，总的来说……，结论是……

• 活动最后，课堂上可以收集上来一系列答案，然后就可以开始分享和讨论了。

小组提问

正如“问题代币法”（第198页）一样，这个活动有助于培养学生的独立性。其目的在于让学生完成一项任务前识别出重要的问题。

你可以这样做

• 任务开始前，决定学生可以提出的问题数量，回答这些问题时，教师不能涉及其他任何问题。

• 学生们组成小组，挑出3~4个他们想求助于教师的问题。

• 决定问题后，学生轮流向教师提问，一次一个，教师依次回答，直到每个组的问题全部得到解答。

合作学习的10大数字化教学资源

这个部分将向大家介绍时下最实用的数字化教学资源。这些工具持续不断地进化和完善，极大地影响着我们的教学工作。“教学和行为科技核心网站”（*The Centre for Learning and Performance Technologies*）每年都会更新一次“最有效的100个教学工具”名单，了解它们有助于我们与时俱进。下面的10个方法不仅有利于我们更好地施教，也允许我们重新定义教学，做我们之前认为不可能做的事情。

1. 翻转课堂

“翻转课堂”是日趋流行的一种教学方法，它能让教师提高自己在课堂中解决问题的能力，帮助学生在课外更容易地获取知识。“翻转课堂”掀起了一股变革浪潮，关于这个主题的优秀博文和教学指导视频不断涌现。我推荐两个教学工具，可以帮助教师改善其“翻转课堂”，创造自己的教学视频分享给学生，这两个工具就是Explain Everything和Educreations，它们能够记录教师黑板上的教学内容，修改图片和添加注释，而制作教学辅导视频则可以利用“Jing”一类的软件。翻转课堂模式意味着这些工具不再仅仅是精通科技的教师的独有优势，甚至不再是教师专有的教学资源。当学生们能为彼此制作课堂辅导视频后，这些工具的好处才真正体现出来。

2. 虚拟课堂

教会学生研究一个课题，从现实生活中找出一个实例、可以引发思考的想法或专家们的观点，收集相关的信息资源，是教学的必然趋势。也就是说，如今的教育工作不再是提供学生现成的他们需要的知识，而是要更多地帮助他们过滤、整理以及鉴别信息的价值并有能力去运用这些知识。这里有很多实用工具，它们有助于学生把有用的信息归集到一起，借此他们可以学到知识，并帮助他人取得进步。“Scoop.it”是一个允许使用者查找事物、组织信息并与全世界分享自己观点的一个网络平台，使用者们进入这个社区，在线分享他们感兴趣的话题。虚拟公示栏是另外一个帮助学生收集方法、辨别实用资源以及建立学习图谱的好方法。这样的教学工具包括Printerest、Pearltress、Popplet等，它们都各有优点。巧妙地应用这些工具可以帮助学生建立起分享知识的架构，深度阅读、高效复习甚至是体验一个完整的虚拟课堂。

3. 网络研讨会

我们在这个部分提及的很多教学工具都冲破了传统教学的界限和限制，学生不再受限于我们安排的地点、时间和节奏进行学习。然而，更有条理地控制和管理学生学习进度是教师不能摒弃的基本原则，虚拟课堂便是不错的选择，即应用Adobe Connect、Black-board Collaborate一类的网站与学生们在线交流。我通常在考试前一晚，召集学生来场“网络研讨会”，辅助他们复习，可以帮助学生消除考前的焦虑，做好最后冲刺。

4. 社交媒体

使用社交网络媒体如脸书和微博的好处是无止境的。任何部门或学科都可以建立自己的账户并快速简便地传播信息，在课堂之外展开师生对话。大众传媒可以让我们在虚拟环境中，更重要的是，在全球范围内进行教学，信息、对话和方法并不仅限于班级，而是可以和世界上任何一个人进行分享。令人难以置信的是，学生和教师使用微博不仅打探了世界的趋势，而且让行业的专家也积极地参与到了虚拟辩论中，这显而易见地重新定义了教学。为你的课堂或学科定制一个标签，例如英语角、科学墙、数学沙龙等，利用微博等社交媒体创建一个与学生、与全世界对话的虚拟教学环境吧。

5. 注释、评论工具

技术带来的好处之一就是它鼓励那些在课堂上也许并不愿意举手回答问题的学生参与问题的讨论或分享自己的家庭作业，秘诀就是网络工具。这个方法在讨论、分析方法、问题或是家庭作业时特别有效。VoiceThread是一个可以让使用者对图像或视频进行注解或评论的工具。试想，一份家庭作业，不单单是你可以将点评意见写在上面并分享给学生，班级其他学生、其他班级的学生，甚至是高一年级学生都可以，这是多么高质量的反馈呀！“概念地图”工具更加全面，可以让学生同时分享图片、文字或者视频。

6. 静物动态化软件

有一些非常好的教学工具可以让学生链接所需信息并创造出他们自己的资源。Aurasma是一个扩增实境软件，能够为拍下来的一切图片提供更多的媒体补充元素。比如，你用手机拍下一则新闻，它就会提供该新闻的相关视频；你拍下一则广告海报，它就能显示广告动画。这太神奇了！在寻宝游戏或查明事实的任务中尝试一下这个软件，把历史人物图像贴到展示墙上并让学生看看会出现多少有趣的视频，这种扩大信息的方法让一切静态图片都变得生动而真实。

另外，Thinglink和Glogster则可以让使用者轻松地将自己的图片、文字、图表及链接的相关事物打造成一幅动感十足的海报并通过网站分享给其他人，是两种实用的工具。

7. 在线测验网站

尽管我把这个工具命名和归类为“测验”，但它的功能远不止这些。Socrative是一个免费的课堂答题和实时问卷调查器，在网站上输入教师注册的班级号就可以用手机和电脑回答老师的问题，它可以让学生同时积极地参与教师设置的系列练习，并得到及时的回复。你可以单独提问，也可以在课前设计好一套综合试卷进行随堂测验，不管是哪种方式，你都能全面地看到和评估学生们的理解程度。Quizlet是一个具有相似功能的网站，不过它能让教师和学生创造用于复习的电子抽认卡。如果你正在寻找专门用于教室讨论和辩论的地方，那么Collaborize Classroom、Edmodo都是具备这些综合功能的网站。

8. 项目管理工具

如果你教授和创造性相关的课程，那么这里有一系列的数字化教学资源可用来帮助你的学生高效地组织及管理他们的设计，比如电子化管理文件夹。Evernote可以让学生管理文件、保存图像、录制音频以及记录笔记，甚至增加标签或从图片中摘出词语，让所有事件均可被搜索。Trello是另外一种项目管理工具，它可以让使用者利用可移动的卡片来形成一个项目，这些卡片能够被他人评价，填充颜色或重新排列。

9. 信息分享网站

我们创造的电子信息会越来越多，接着就需要一个可以存储以及汇总它们的地方，以便随时查阅。把这些电子内容存储在网站上能让所有信息都触手可得。比如，教师、教学部门或学校可以非常容易地建立自己的Youtube频道或Vimeo，而通过Dropbox、SlideShare这些网站，学生可直接获取课堂演讲及教师笔记，所有这一切都只需学生轻点智能手机就可以了。

10. 灵感启发资源

网站提供了成千上万种可以让学生参与学习的方法。比如，从各学科领域里的世界级专家演讲或采访中得到灵感。能观看这些视频资料的网站有Ted-ED、The Khan Academy 等。另外，你还可以在网站上找到鼓励深度思考、激发辩论的大量资源。《邮报》（*Telegraph*）和《卫报》（*The Guardian*）的“每周一图”，可用于引发学生们的思考，《心理牙线诙谐杂志》（*Mental Floss*）则提出有意思的问题、怪异有趣且令人称绝的事情，可以拓展学生的视野。如果你正在寻找可以激励学生、有趣且发人深省的文章，请参阅《信中笔记》（*Letters of Note*），它集合了著名历史人物的私人信件、笔记、明信片以及电报等资料。《世界变迁》（*World Changing*）也不错，它是一份为改进我们的世界提供想法、革新与设计的杂志资源。

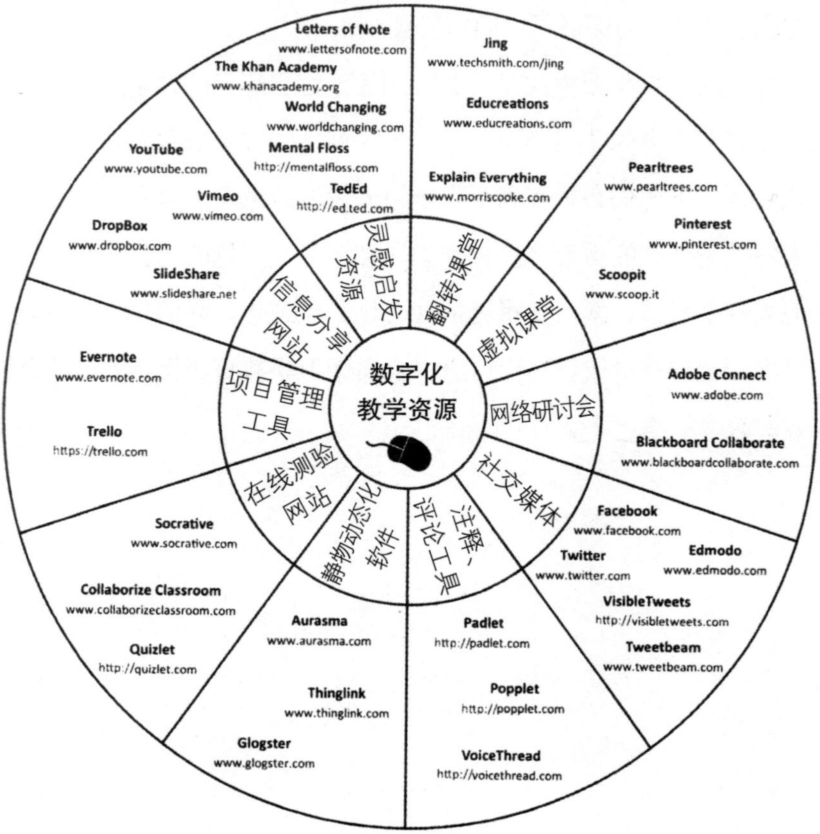

图4.10　数字化教学资源

小 结

在本章中，我们探讨了许多能够培养学生对自己学习负责的教学策略，例如，学习带头人、学生辅导员，并强调了鼓励学生积极参与课堂的方法，比如，小组角色扮演以及全面回答问题。合作学习可以让学生们通过彼此交流获得知识、帮助和指导，而大量的数字化教学资源也给课外学习提供了空间与机会。

成功的合作学习模式是需要时间逐渐建立起来的，学生们需要处在一个感到安全的学习环境中并作为课堂贡献者受到尊重。为了实现这些目标，学生们必须看到合作学习的价值，意识到有助于合作学习的人际关系技能的重要性。合作学习存在很大的挑战，但学生会因此从他人身上获益，学习变得更加社会化、系统化。它的这个益处使一切付出都变得有价值。总而言之，合作学习是教育者推动教学进度最有效的教学策略之一。

5

第五章

差异化教学平衡学生差距

对于我来说，在课堂上进行差异化教学和尽量满足每个学生的需求是最大的困难，特别是当我教授的是能力不同的学生。我还记得在我任教的第一所学校，教学主任在观摩了我的第一堂课后找我谈了一次话，他认为我的课堂成功地实现了差异化教学，我应该在这堂课开始前做了充分准备，设计了分层次的问题，定制了有效的课堂教学资源。这堂课进行得非常顺利，积极的课堂反馈满足了我的自尊心并证明我投入到教学计划与准备中的时间是值得的。在谈话中，我试图说明为每堂课这样花费时间和精力是不可能的。教学主任只是同情地看着我，并没有给出什么好的答案。幸运的是，随着经验的累积，我意识到了有效的差异化教学并不需要投入太多的时间和扩展更多的资源。

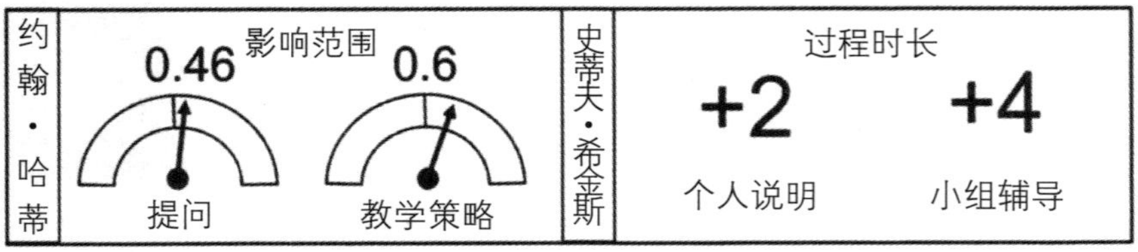

图5.1　辨别学生是需要更大的挑战还是需要教师的帮助，可以在差异化教学中实现。

差异化教学三个最常被提及的方法是“根据任务进行差异化”、“根据成效进行差异化”以及“根据教学资源进行差异化”。然而，很多时候说要比做容易得多。如果根据任务进行差异化教学，那么我们如何在同一时间管理不同的活动？如果根据教学资源差异化教学，那么怎样挤出时间去准备不同的教学材料？如果是以成效进行差异化教学，结果一些学生得到的知识多而另外一些得到的少，这样好吗？在本章中，我将用一些实用的教学策略来回答和探讨这些问题。

根本上说，差异化教学应该是教学的一个长期策略。它需要你用恰当的问题、有质量的评分以及有层次的反馈来进一步了解你的学生，给予他们挑战或帮助，并为他们提供自我评价与为自己制定学习目标的机会。这些事情不会在一节课上发生，这需要一个学期甚至一年的时间。我们要和学生们一节课一节课、一周一周地逐渐相互作用，帮助他们实现自己的课堂需求。

图5.2阐释了差异化教学的一个基本流程，尽管在图表两端为学生们设计了不同的任务和教学资源，但差异化教学的大部分工作是更加

精细的，并不需要额外的计划及准备。

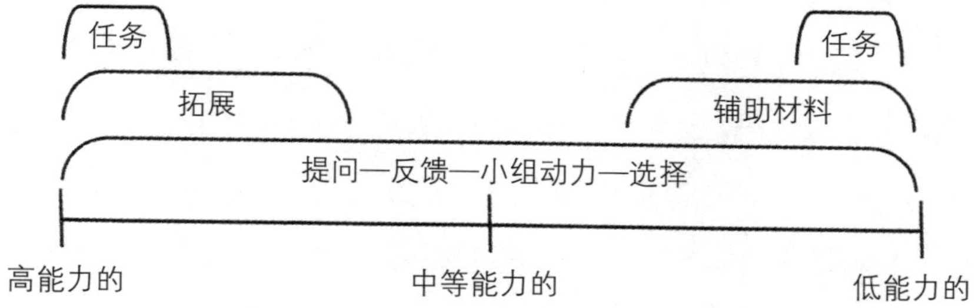

图5.2　*差异化教学图*

在这个部分，你会发现让差异化教学变得容易一些的教学策略。这些策略可以帮助你在需要更高挑战与需要更多指导的学生之间找到平衡点，继而让每一个学生都恰好迈过他们的舒适区，在适合他们的水平上进行学习。

用拓展活动挑战学生能力

拓展活动应该提供给学生不同的、更有难度的任务，推动他们学习新的知识、提高技能以及创造一些有助于学习的事物，例如复习材料。

OR码获取信息法

QR码（快速反应代码）源于汽车工业，它是由黑色模块（方点）在方形网格上组成的二维码，它们可以通过照相机或手机进行读取，通常在杂志或广告牌上出现，消费者扫描这个条形码后即可浏览公司网站。在21世纪的课堂上，它也有实用性。

越来越多的学校开始推行“自带学习电脑”的教学政策。可移动的设备，例如平板电脑，在校园中也变得越来越普遍，因此我们也可以创建一个二维码，让学生们扫描添加后获得额外的教学内容。QR码允许学生们在不同的时间进行不同的任务，这就实现了差异化教学。使用QR码最常见的方式就是进入链接网站，但它们也可以链接文本或音频信息。

你可以这样做

• 使用诸如http://qrcode.kaywa.com一类的网站创建你的二维码并应用到课堂演示文稿、任务表或课堂展示中。

• QR码可以被智能手机或平板电脑读取，有许多好的免费扫描应用软件可以直接从网上下载。

• 另外一个非常实用的网站是www.qrstuff.com，它提供了QR码不同的使用方式，例如，创造不同颜色的编码、生成文本回复以及在谷歌地图上定位地理位置。

来点儿小变化

• 在任务表或课堂演示文稿中增加一个QR码，用来链接你的课堂教学资源，比如Youtube、TeacherTube等网站的视频资料。学生们扫描编码后可即刻观看这段视频。视频资料可以帮助学生解决难题，也可以结合拓展活动对学生们进行挑战，比如，观看视频并回答问题。在课堂上观看一段视频通常意味着每一个学生都不得不停下手头的事情。拥有QR码后，学生们就可以在自己方便的时候随时观看这段视频。

• 不同颜色的QR码是实现差异化教学的有效工具。不同颜色的

QR码可以为不同的学生提供相应的指导，并区分不同程度的支持，例如，黄色代表完成任务的线索或窍门，红色则表示课外知识的补充。

• QRSTUFF（www.qrstuff.com）是一个可以让你把文本转化成音频的QR码创造网站，这些QR码可以用在书中、任务表或课堂演示文稿中，为文字配上一个有意思的语音说明，可以帮助英语非母语的学生。

• 文本或音频形式的回复会吸引学生参与到家庭作业的反馈中。

• QRStuff（www.qrstuff.com）能利用QR码生成一个地理位置，便于你向学生们展示地理风貌，让他们不用花钱就能参观某个地方，甚至通过Street View和谷歌地图顺便拜访这个地区！

• 使用QR码链接到Dropbox文件夹（www.dropbox.com），学生们就可以下载你的课堂笔记，从而既节省了你打印、分发笔记的时间，又让他们在网络学习环境下更容易找到自己的定位。

图5.3　音频QR码

图5.4　地理定位QR码

• QR码同样可用于链接常规的信息资源，例如某个学科的年度大事件，另外一种方法就是创建你自己的网页与在线社区，包括博客、论坛、调查以及其他实用的教学工具。我经常使用自己的网页布置家庭作业，并把QR码贴在学生的练习本上，让他们永远没有借口说他们忘记做我在网页上留的家庭作业。

布鲁姆挑战墙

不管我们如何使用布鲁姆的分类教学法，对于计划和设计教学活动来说它都是一个非常好的模型，比如根据布鲁姆分类法设计一系列拓展活动，这些活动分布在布鲁姆教学法的六个阶段，可用于在教学的不同层面提供不同难度的挑战。例如，针对学生新知识点的拓展活动可以是，让学生找出一个字母缩略词来总结他们学过的知识或者制作一个简单的复习卡片，更有难度的挑战可以是基于正在学习的概念解决一个实际的问题。图5.5提供了一个挑战墙的实例，它涵盖了分别对应布鲁姆分类法六个不同阶段的教学活动。

你可以这样做

- 按照图5.5制作“布鲁姆挑战墙”，创造适合你学科的拓展活动。
- 向学生展示挑战墙或让学生把它贴到练习本上。
- 当学生们准备好开始一个拓展活动时，让他们从墙上选择一个适当的挑战。

来点儿小变化

“挑战墙”同样可作为家庭作业的选单系统，或者作为学生选择不同任务的工具。为什么不把不同的挑战标上相应的奖励分数呢？

教学小窍门

基于对学生理解的评估，教师指导学生从易到难完成各项拓展活动。例如，在开始学习新知识时，让学生选择金字塔底端的活动更为恰当。

这项活动与“学分评估法”（第194页）以及“教室挑战角”（如下）一起使用效果更佳。

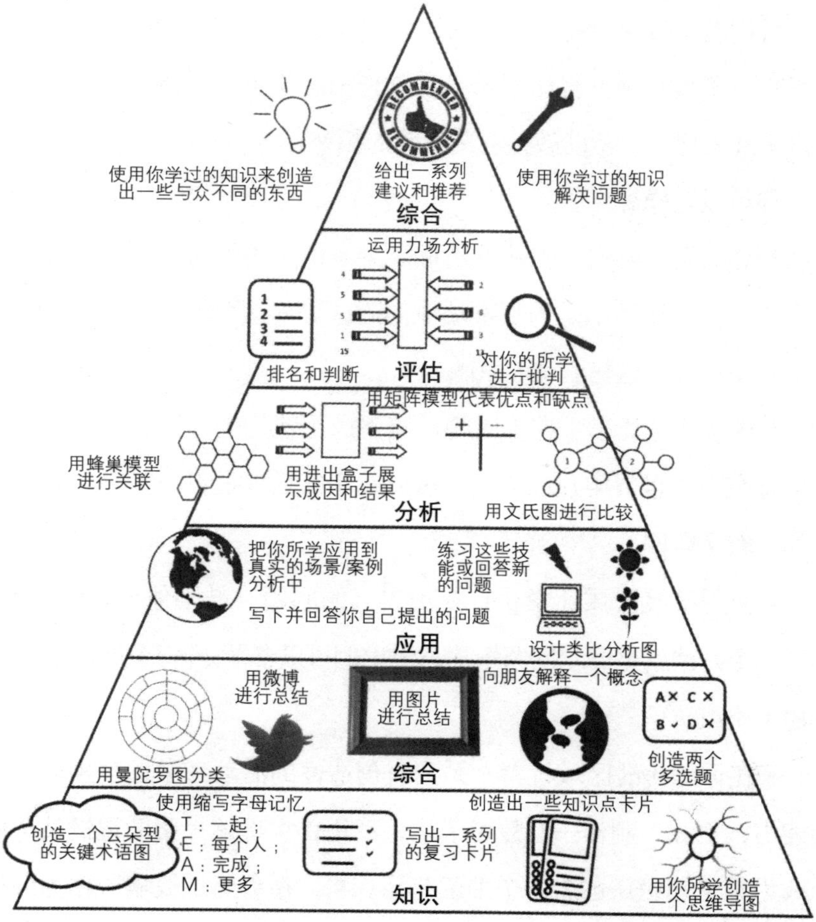

图5.5 布鲁姆挑战墙

教室挑战角

教室应当被合理地利用起来。一个有效的方法就是创造一个范围，在这个范围中学生们可以获得拓展的教学材料并得到激励。这个范围或区域可以是教室中的一个展示区（挑战墙）或角落（挑战角）。在这里学生可以挨着坐下合作学习，或拿到拓展任务、材料或方法。这里提供了几个建议，帮助教师打造有效的拓展区域。

你可以这样做

• 请记住拓展的目的并不是重复更多相同的活动，学生们必须意识到任何拓展活动都是为了推动他们的进步。这个区域必须营造出令学生渴望去挑战这些活动的氛围。

• 挑战区域让学生在不同的环境下应用他们的知识，例如，将科学概念在现实世界中加以应用。因此这个区域要提供一些学生们可能用到的教学案例。

• 使用挑战区域让学生们提出自己的问题，鼓励他们高阶思考。其中一个方法就是展示问题矩阵，学生们可以参照矩阵形成拓展问题，并用于小组讨论。

• 在你的挑战区域设置一系列有创造性的活动来激发学生们的理解能力，例如，制作一套复习卡片，利用首字母缩写帮助记忆某个概念或为某个知识点创造一个手工艺品。将“布鲁姆挑战墙”作为海报展示给学生们，告诉他们该如何做。

• 鼓励学生为布鲁姆挑战墙各个领域中的关键词联系起来，激励他们进行关联学习。

来点儿小变化

拓展活动应该让学生更深入地学习学科知识。在挑战区域放上中考或高考课本、文章或杂志，激励学生在更高的层面上探索这门学科。

挑战信封

把一些东西放进信封很多时候会带来意想不到的效果，放进信封的内容增添了神秘感。挑战信封意味着一个秘密任务，你可以把它粘在黑板上或放在教室中的其他地方。

你可以这样做

• 制作一个挑战信封，在信封里放入一个合适的拓展任务和必要的资源，并贴在黑板旁。

• 当学生准备好了，他们就可以从信封中拿出活动介绍，你可以这样说：“谁是第一个发现挑战信封中内容的同学？”这可以增加学生的自豪感。

• 信封中的拓展任务可以是学生学过的具体知识，也可以是更加开放和抽象的问题，记住要时常更换挑战的内容。

来点儿小变化

不同颜色的信封可用于代表不同难度或类型的活动。

教学小窍门

重要的是要确保这些拓展活动是富有创造性的，或是包含一些有意思的元素。如果你的学生迫不及待地想打开信封并参与活动，那么你就成功了。

秘密任务

信封同样可以在你的课堂上用于分配秘密任务。不同于“挑战信封”，秘密任务的目标是学生个人，它可以帮助你在任何层面进行差异化教学，为特定的学生定制满足他们需要的活动。例如，给学生额外提出更深层次的问题，让学生关注他们的弱项（比如拼写），或者激励一个安静的学生在课堂上做出积极的表现。学生们喜欢挑战个性化定制的任务。当他们走进教室，发现椅子下面藏着一张秘密任务卡时，会变得超级兴奋。

你可以这样做

• 把一个秘密任务放入信封或写在纸上直接贴到学生椅子下面。

• 给每一个学生都提供一个秘密任务是不可能的，所以我们缩小范围，每节课写出三个秘密任务，交给部分学生。之后每一节课都更换接受任务的学生。

• 课堂最后，把写有秘密任务的纸或信封收回来。基于学生的表现为每个人写上一句夸奖。

教学小窍门

秘密任务通常是基于你对某个学生最近作业的反馈或对其最近表现的观察，这可以让这个任务更加个性化，更能满足这个学生的需求。

扩展思考

最后一点，一个在吃汉堡比赛中获得冠军的人，希望得到的奖励是免费吃汉堡，还是什么别的食物呢？同理可证，当我们的学生已经完成了你在课堂上设置的所有任务后，他们为什么还想回答更多的问题呢？换个角度说，让你的拓展活动可以达到扩展思考的目的。在黑板上写出可扩展思考的问题，不要直接写答案，而是期待学生理解它的意思和可能的答案。哲学问题或是高阶问题是最能引发扩展思考的，例如，“如果这样……”，“为什么应该……”或者“如何做……”，等等。

此活动与“苏格拉底问答法”（第67页）以及“问题矩阵”（第71页）一起应用效果更佳。

实施个性化教学

想实施个性化教学，我们就必须先了解我们的学生。之前我们给学生选择、向学生提问，据此来开展教学工作，所做的大多数事情都是以我们为中心的，而下面两条教学策略是从学生的兴趣出发来设计你的教学课程。

学习加速合同

不管你所在的学校使用的是什么样的课本，我们应该都碰到过那些心智超出课本内容的学生，这些学生的表现通常在同龄的孩子之上，他们或天资聪颖、极具天赋，或对一门学科满腹热情、对知识充满渴望，这些都使他们超出了教学大纲的要求。我们这里介绍一个可以帮助这些优异学生思想腾飞的方法。

“学习加速合同”扎根于个性化教学，它具有前瞻性，可以满足那些能力最优的学生需要，这个合同的目的是在特定的时间里学生、教师与家长为制定一个特殊的行动计划而达成共识。

你可以这样做

- 制作学习加速合同（见表5.6）。
- 和学生分享你在教学计划中将涵盖的概念和知识，同时指出学生可以进一步思考的潜在领域、调研内容与任务。与此同时，你需要提供合适的学习资源与额外的阅读材料。
- 给予学生仔细思考的时间，让他们提出自己的想法。这些想法是关于他们想要如何为自己扩展和增加教学内容的。例如，学生可能想在教学计划中同时实现自己的“独立学习项目”（第190页），也就是说完成课堂任务后，他们可以在课堂中学习自己制定的计划内容。这些计划是学生和教师经过探讨之后商定出来的一系列挑战目标。
- 这个合同不仅关注知识的扩展和丰富，同时也制定了一套原则，例如，在什么时候允许学生开始他们的拓展任务。为使合同更具权威性，可在正式的家长会上签署。

表5.6 “学习加速合同”

	学习加速合同
学生：	
学科：	
课题领域：	
学习时长：	
现阶段关注领域：	拓展及丰富计划：

（续表）

扩展及丰富教学目标：	
帮助及建议：	
规定和条款：	
学生签名：	
教师签名：	
家长签名：	

学生兴趣清单

要想根据学生的兴趣相应地调整教学方法，从而促进个性化教学，了解学生的个性和背景是十分必要的。真正了解学生后，我们才有能力开始个性化教学，这也是需要花费一些时间的，我们为什么不从“兴趣清单”开始开启学生们的学习之旅呢？

你可以这样做

用下面这些问题来了解学生们的兴趣应该是不错的选择：

- 课余时间，你喜欢做些什么？
- 你有什么样的兴趣爱好？
- 毕业后，你想成为什么样的人？
- 你为什么选择这个科目（如果科目可以选择的话）？
- 你喜欢哪些概念或知识点？
- 你喜欢的（其他）科目都是什么？为什么喜欢它们？

- 在课堂中，什么样的活动是你最喜欢的？
- 你觉得什么是具有挑战/难度的？
- 你觉得什么是比较容易的？
- 你觉得在什么时候学习状态最佳？

收集到这些信息后，你就可以为每一个学生制定教学活动了。活动设计非常简单，比如使用一个足球来帮助热衷足球赛的学生理解一个概念，或让学生基于自己感兴趣的话题开始独立学习项目（第190页）。

教学小窍门

使用“学生兴趣清单”有助于教学计划的制定，并使学生更愿意积极主动地参与学习，因为它提供了多种与学生有关的选择。

在课堂上提供不同的选择

选择性差异化教学并不是让学生做他们想做的事情，它也拥有明确的界限和规则，下面的方法帮助教师确保学生们在做着正确的事情，同时，也给予他们灵活的选择，让他们可以按照自己的节奏学习。

棒球演绎法

“Solo分类评价法（即“可观察的学习成果结构”）”是由约翰·比格斯和凯文·柯林斯在1982年提出的，在过去的几年中，这个方法逐渐成为一个脍炙人口的教学模型。它的优点是提供了一个系统与语言模式，学生们可以使用它对自身的知识掌握情况查缺补漏并评估自己的理解程度。进一步说，这个分类法可以为独立学习设计活动、提供机会。以下展示了我如何使用这个理念的例子。

我将这堂课设计为棒球课形式，学生们通过Solo分类评价法中设计的一系列不同层面的活动在四个垒位（或阶段）上前进。这些活动可以集中在一节课上完成，也可以连续在几堂课中开展。教师“投掷垒球”，学生们从第一个垒位开始，按照他们的节奏朝自己的“本垒”前进，也就是他们自己选择完成开放式结尾活动的地方。在每一个垒位上，恰当的活动都可以鼓励学生们向下一个垒位前进。

你可以这样做

• 第一垒位类似于分类法中的前结构层次，其目的在于让学生们对一个知识点或概念有一个基本的了解，或者把它当作信息收集阶段。当学生们处于这个垒位时，教师给出有关知识点或概念的说明或示范，比如一段简短的视频或其他适当的教学资料。使用视频的好处是学生们可以多次观看，甚至用它来进行自测。另外一些活动也可以在信息收集阶段派上用场，比如要求学生拓展阅读，就可以使用“细节搜寻法”（第109页），“全面头脑”（第108页）以及“关键词挑选”（第112页）等方法。

• 在第二垒位上，教学目的应该旨在建立学生们对知识或概念的理解力，要求他们有能力解释一些关于这个话题的要素或事件。这可以称作多点结构层次。学生们在这个阶段可以提出关于这个话题的一些想法并能把这些部分整理到一起，但他们的理解会存在不同的缺口，所以最好开展合作学习，让学生们在一起讨论以填补这些缺口。在这个阶段比较恰当的活动包括“测验、测验、交易”（第159页）、“专家小组”（第153页）以及“9格图布局法”（第94页）。

• 第三垒位代表了分类法中的关联结构层次，我们希望学生可以结合他们知道的知识形成比较完善的想法并领会到不同的方面是如何组织到一起的，即辨识出他们在第二垒位学习到的知识的相互联系或领会到这个话题是如何与其他知识或学科相关联的。学生们现在应该开始使用所学的知识独立地回答问题，例如，“定向目标法”（第195页）。另一个让学生将不同知识联系起来的活动就是“蜂巢连接图学习法”（第72页），在六边形卡片上写下关键词/话题发给学生，或让学生自己来写。

• 第四垒位是本垒，即拓展抽象结构层次。学生们应当有能力把学习到的原理转化到新的环境中，也就是说，应用他们所学的知识。让学生们应用知识的最好方法就是让他们解决问题，你可以设置多种难度的问题、小型的项目等。“布鲁姆挑战墙”（第180页）也可以为学生们创造特别的事物提供选择。那些到达这个阶段并做得不错的学生可以担当“学生辅导员”，帮助那些仍在其他垒位上的学生。

每完成一个垒位上的系列活动，学生就可以转移到下一个垒位。例如，在第一垒位，关键问题可以是描述、概括或列出关于X的要素；而在第三垒位，关键问题就应该是鼓励学生们对X和Y进行比较和对比；最后，在第四垒位，学生们则要合理地评价X的重要性，这种方法的原则就是基于每一个阶段开发学生的不同能力设计相应的活动，让其完成之后，自行转换到下一个垒位。

独立学习项目

“独立学习项目”是家庭作业的一种传统方式。它要求学生在一个话题或一个学习单元中指出自己的兴趣领域，然后选择一个关注点进行调研并创造一个项目。这个关注点可以是学生喜欢或觉得有趣的任何事情。在这个单元的最后，学生展示他们的项目成果。这节课可以在连续的数个学习单元之后展开，以确保学生有机会接触所有话题并有足够的时间完成项目。"独立学习项目"的唯一规则就是学生们必须要深入探索一个话题或概念，学到一些新的东西——而不能只限于他们已经学习过的知识。学生们可以以任何他们喜欢的形式展示项目成果，例如，制作一个视频或一个模型，进行一个论证或写一个故事。

你可以这样做

• 在一个学习单元中发起"独立学习项目"，给予学生3~6周的时间，并设定展示成果的日期。

• 为"独立学习项目"设定明确的规则，确保学生清楚你对他们的期望。在这里我们分享一些实用的原则：

- 参与——选择一些你感兴趣的事情；
- 计划——对你的项目进行计划，并和你的教师或家长探讨，以确保你的想法可以做出一个高效的项目；
- 调研——对你的话题进行探索和研究，找出新的事物；
- 创造——制作一些东西证明你学习到了什么；
- 展示——向教师和同学们分享你所做的和学习到的知识。

• 如果你想正式地对他们的项目进行评估，那么需要让学生明白他们将会被如何打分，以及你期待的优秀作品是什么样子的。

当对自己探索的课题拥有自主的权力，完全不被束缚时，学生们往往可以创造出令人叹为观止的项目。而当新的知识和发现在课堂上分享时，每一个项目都可以丰富整个班级的知识体系。项目成果可以以个人演讲的方式展示，或者做成一个其他班级学生或家长出席参观的展览会。

流动课堂

课堂真正实现差异化教学时，我们可以看到不同的学生在同一时间做着不同的事情。当然，这个说起来比做起来简单多了，就像马戏团里的表演者两只手不断地接着很多盘子。对于教师来说，这是一个富有挑战且非常辛苦的任务。

为了在一节课上管理多条教学轨道，你可以使用流动课堂图来预测学生们在你的课堂之旅中所能遇到的问题，图5.7展示了一个我为七年级数学课设计的流动课堂图。

流动课堂的目的是为了鼓励学生就何时开始学习新知识或接受下一个挑战做出自己的选择。图中的方框代表了我在课堂上期望学生们完成的主要活动。当学生对掌握某个知识点充满信心时，我们可以给自己一个“绿灯”并转移到下一个任务上。菱形方框代表了我提供的解释或说明，那些不需要帮助的学生可以很自然地转移到下一个活动中。这个流动图表同时鼓励学生合作学习，例如，使用“学生辅导员”以及在课堂最后学生自己选择拓展活动（挑战信封）。

流动课堂图是一个非常实用的教学工具。它形象地展示了一个活动的课堂流程，鼓励学生关注进度并提供可以选择的元素。至于可以省去教师不断重复一系列规则的这一好处就更不用多说了，它同时说明，每一个学生在课堂上处于不同的阶段是没有问题的，并着重强调了帮助与拓展的时机。

你可以这样做

• 在流动课堂图中添加你计划完成的关键活动。

• 完成这个图后，在你计划召集整个班级加以说明或介绍的地方加上圆点。

• 最后，添加额外的拓展活动或教学资源，方便学生们在课堂中使用。

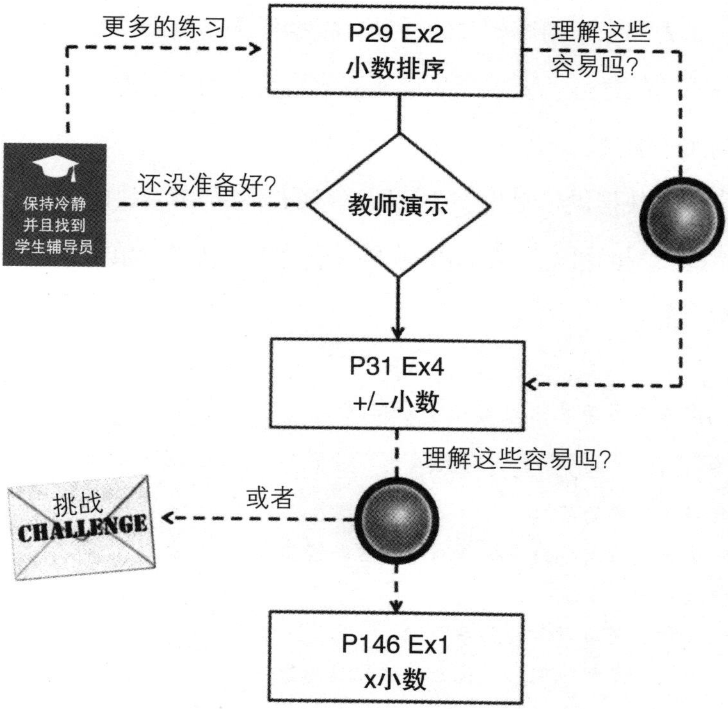

图5.7　流动课堂图

教学小窍门

有些时候在流动图表中添加时间也是非常有用的。例如，在课堂关键活动处做标记表明你希望大多数学生可以到达的高度，或为学生小组讨论设定一个时间。

学分评估法

另一种有用的家庭作业评价方法就是学分系统。这个系统针对一个话题或一个单元的学习，在一段时间内采用。其关键在于提供给学生们一系列和学习内容相关的活动，根据任务的复杂性和花费时间长短给予不同的学分，要求学生选择完成活动达到你事先设定好的总学分，例如50学分。

学分系统提供给学生一个按照自己的方法与节奏进行学习、思考应该怎样学习的机会。表5.8展示了一个关于宗教学习单元家庭作业学分系统的范本。

表5.8　宗教学习单元家庭作业学分系统

学习内容	学分
犹太教新年晚餐的菜单	10
烘烤一个犹太教新年的蛋糕并写下步骤与经验	10
研究犹太日历的本源	10
研究两面神及其与新年的关系	10
采访三个人，了解他们对于犹太教赎罪日的想法	15
冥想日记	20
写一篇关于修女参加自恣日活动的日记	15
制作一件反映自我反省及自我批判的艺术作品	20
写一首关于自我反省的诗歌	15

你可以这样做

• 设定一个家庭作业学分系统。

• 设计一系列学生们可以选择的创意任务，确保任务有足够的变化，涵盖不同的教学形式及方法（可参考“学生兴趣清单”）。

• 根据难度和完成所需要花费的时间为每个任务设置学分。

• 和学生们讨论每个任务，让学生们了解你的期许，最后，设定所有任务需要完成的时间节点。

教学小窍门

尽管不需要为学生完成每一个特定的任务设置时间节点，但要保证学生们有规律地提交他们的家庭作业，以确保你有时间为其打分，你肯定也不希望所有作业都一股脑儿地交上来吧。

定向目标法

在建立分层教学计划时，定向目标是一种非常有效的方法。铜牌、银牌与金牌的教学目标（见图5.9）可以在课堂之初就分享给学生们，每一个层面包含多个教学目标以及要求实现的教学成果。然后，学生们选择目标进行学习。这些目标要与各个层面的标准相匹配，而这些标准可以引导学生在他们的目标阶段最恰当地完成任务。当学生完成铜牌和银牌阶段的目标时，鼓励他们朝着金牌的目标努力。

你可以这样做

• 在课堂的一开始，让学生进行思考，选择他们的目标层级，并举起小黑板示意教师。

• 课程进行中，教师可以为那些认为自己能够完成更高目标的学生增加挑战。积极地鼓励学生，并在任何基础上尽力提高他们的目标。

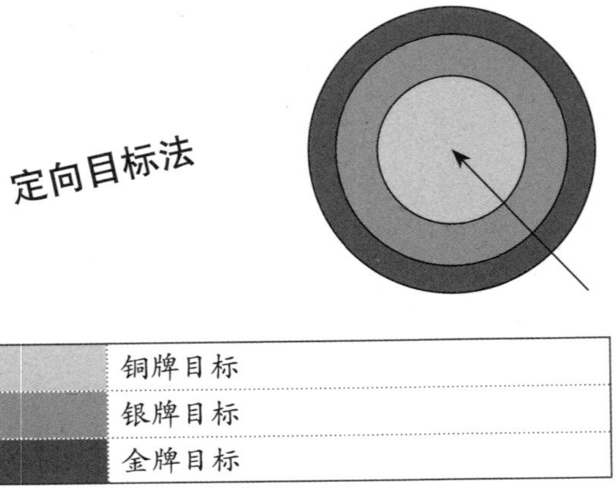

图5.9　定向目标法

井字游戏

为了增加一个项目或家庭作业的多样性，使用“井字游戏”为学生提供不同的选择，他们可以选择一行、一列或对角线相连的三个任务。学生们可能会选择那些最适合他们学习风格或兴趣的活动，因此你要细心安排格中的活动，以确保所有学生都能接触特定类型的任务。比如，保证在对角线上的每一个格子里都有写作任务，这样每个学生都能选到一个写作任务供教师评估。

来点儿小变化

井字游戏有多种用途，适用于任何学科。

- 选择三个词或写作技巧完成一篇富有创意的文章；
- 选择三个数字解决一个运算问题；
- 选择三个话题进行口语测试；

- 在一部戏剧当中选择三种表演方式；
- 选择三个问题的词干形成自己的问题。

当然，你可以在井字格中填上九个问题，让学生两两一组互相比赛——“思考和交叉”。第一个正确回答三个问题并连成一线的学生获胜。

10分钟教师体验

为了让教学计划和准备更充分，可以让整个班级来分担教学的责任。让学生准备一段对新知识的介绍或设计一个有关所学知识的测验。让学生们介绍一个课题是创造“课堂专家”的好方法，它会让其他同学记忆深刻——学生通常会对他们同伴教授的课程更加关注。

你可以这样做

• 在开始一个新概念之前，把相关的小概念或知识点分给学生，我通常会随机地分配或让学生抽签决定拿到的话题。

• 要求学生准备一个关于他们话题的10分钟介绍，这个任务的关键是要给学生足够的时间去研究和准备，我通常会花费5分钟左右和每个人或每个小组讨论一下他们的话题以确保他们明确了我对他们的期望以及可以找到相关信息的途径。

• 鼓励学生自己设计一些课堂活动，并让他们的听众参与进来。进行完整的10分钟演讲对他们来说是不小的压力，所以组织一些参与活动可能是一个更好的开始。

• 当所有话题都被分配完毕，制定一个时间表并把它分发给每一个学生，确保每一个人都知道自己将何时进行演讲。最好是按部就班地依次给下次做介绍的学生提个醒，这样就不会发生学生因为忘记准备而一脸惊慌的“事故”。

教学小窍门

让学生们通过邮件提交他们的议案，这样你就可以检查他们想要涵盖的所有要点。有必要的话，你可以和任何一个需要帮助或指导的学生进行一次简短的对话。对话中，学生们只需要论及这个话题的基本知识点，而你需要确保他们在正确的方向上。

这个方法和“10分钟TED演讲”（第123页）一同应用效果更佳。

拓展学生能力的提问法

如何使用好问题贯穿了本书的各个章节。这个部分的方法意在鼓励学生们更加努力思考，提高自己的问题质量并有责任心地尝试自己去解决问题。

问题代币法

挑战学生的意义在于确保他们可以自己去思考得出答案，而不是持续不断地向教师提问得到帮助。“问题代币”是一种确保学生更加有效、谨慎地提出问题的方法（见图5.10）。当学生向你提问时，他们必须用问题代币来交换答案。

你可以这样做

- 每一节课上，发给学生一定数量的问题代币，数量的多少由教师依据课堂知识的难度决定。
- 每当学生提出一个问题，他们必须交出一个代币以得到答案。

除非有代币交换，否则他们无权提问。这样做可以确保学生们在提出每一个问题前都经过了认真仔细的思考，我们希望他们可以试图自己解答问题以节省代币。

• 学生们同样也可以使用有用或正确的答案来换回“问题代币”。为了避免某些学生因为问题代币已经用完而又真的需要教师帮助的情况发生，允许学生们回答教师提出的问题来赎回代币。

来点儿小变化

“问题代币法”同样可以用于鼓励课堂参与。在小组练习的一开始，为每个学生分发奇数量的代币。当他们对小组做出了一个贡献或提供了一个方法时，就可以把自己的代币放在桌子中心。每一个学生的目标是在任务结束时用完所有的代币，这样可以保证每一个学生对一个活动都有同等的贡献。

图5.10　问题代币

解决它

培养学生独立解决问题的能力是非常重要的教学目标，即教师应教导学生自己解决问题，而不是一看到挑战就径直求助教师。这里有很多教师可以使用的实用缩略语，你可以把它贴在教室中来提醒学生自己走出困难。

- 3B4ME：学生在向教师求助前，先尝试三种不同的解决方法；
- 头脑、书本、同伴、老师：鼓励学生在寻求额外的帮助之前坚持不懈并留有足够的思考时间。
- 自己、同桌、其他同学、教师：这可能是学生最喜欢的方法。

上面提及的都是非常棒的教学工具，在课堂上操作起来也非常容易。不论学生什么时候身陷困难，你要做的是让他们在困难的环境中待上一会儿，这并不是说他们应该坐在那儿摆弄自己的大拇指或打扰其他同学，而是要鼓励他们用更长的时间来思考，重新阅读相关材料并试图自己解决这个问题。图5.11展示了一个解决问题的模型，它一共有五个步骤。

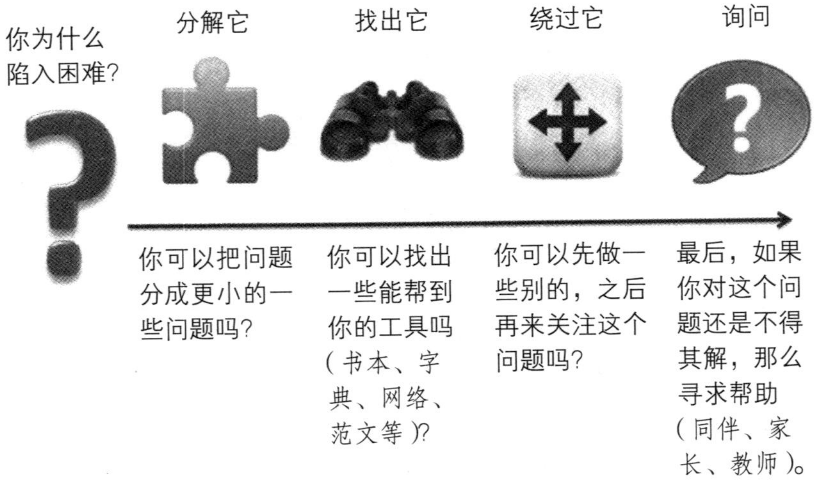

图5.11　解决它

你可以这样做

• 第一步，无论何时，当学生告诉你他们正在深陷困难或不能理解这个问题时，你的第一反应应该是："为什么你深陷困难呢？" 有些时候，这些问题确实是令人困惑的，但我们的目的是帮助他们关注产生问题的原因。真正的障碍可能是他们并没有仔细查看要求，可能是一个生词，甚至最恼人的障碍就是他们并没有读题！要学生在举手寻求帮助前先问问自己原因，有些时候他们就可以直接走出困境。

• 第二步是让学生把这个"大块头"的问题分解成易于掌握的小任务。

• 第三步是鼓励学生使用任何他们可以找到的资源、工具去解决问题，例如网络、书本或他们自己的笔记。

• 第四步和第五步几乎是同时发生的，因为通常情况下一个学生提出需要帮助的信号时，教师或同伴不会马上提供帮助，因为他们可能正忙着其他事情，因此，学生们可能决定先忽略它。在你的教室中张贴一个"解决它"的海报，是一个有效提醒学生对自己的学习负责并且不要轻易放弃的方法。

流动的问题

这里提供了一个直接提问的模型，它可以帮助你测试学生的理解程度，让所有学生参与其中并更加容易地引发学生的高阶思维。流动的问题模型帮助教师建立以知识或事实为基础的一系列问题，问题层层递进，每一个新问题都包含了新的学生并且更加富有挑战性。流动的问题在直接提问环节更加有效，因为每一个问题都是基于前一个问题提出的，要求每一个学生都仔细倾听与思考。流动的问题模型有四个阶段，它要求至少四个学生共同参与来回答一个开放性的问题。

你可以这样做

• 提出一个事实性问题，这个问题可以引出学生对于一个事实的描述或简单解释。

• 对第二个学生进行提问（或继续向第一个学生提问），挖掘这个问题更多的细节或恰当的案例。

• 第三个学生可以基于前两个问题提出他的观点，或者询问第三个学生是否赞同前两个同学的回答。

• 最后一步就是问第四个学生以“什么、谁、哪里、什么时候、为什么”开头的综合问题。

• 在这个问题链上，每一个后续的问题都建立在前一个答案的基础上，这意味着所有学生都要参与其中并认真聆听。这个过程总结在表5.12上，图5.13则展示了一个对话范本。

表5.12　流动问题总结

事实性问题	什么是……？给我一个例子……？谁做的……？
关联性问题	告诉我更多……你这样说的意思是……你可以解释一下吗？
观点/想法补充问题	可以给我举出另外一个例子吗？还有其他的方法吗？你同意吗？
综合问题	哪一个最好？假使……会怎样？为什么他/她会这样说？

学生1——事实性问题

教师：艾米，什么是经销权？
艾米：经销权就是一种可以售卖其他人制造的产品的执照，类似于营业执照。
教师：谢谢你，艾米。

↓

学生2——关联性问题

教师：韦恩，对于经销商来说设立经销权的好处是什么呢？
韦恩：你会得到销售特许者的帮助。
教师：怎么说？
韦恩：他们可以给你提供一些培训，帮助你塑造他们认可的品牌形象。
教师：非常好！

↓

学生3——补充问题

教师：西拉，除了建立经销权，还有什么其他办法吗？
西拉：是的，你还可以建立一个专营商。
教师：哪一个呢？
西拉：个人可以建立一个无限责任企业。
教师：非常好，西拉，我对你提到的无限责任企业感到非常满意。

↓

学生4——综合问题

教师：利亚姆，你觉得建立哪种类型的企业更好呢，是经销商还是专营商类型的企业？
利亚姆：呃……可能是经销商类型的企业吧，因为它更加安全并能为你提供许多经验与培训，你不需要白手起家。
教师：非常好，利亚姆，这是个不错的回答。

图5.13　流动问题范本

有助于学生完成挑战的10个技巧

在本章中，我们已经讨论了一系列在你的课堂上增加更多挑战的教学策略。这里我们再提供一些能够在学生需要时给予他们更多帮助的简单方法。

1. 单词银行

在学生学习一系列科技术语时，使用“单词银行”是非常实用的。“单词银行”不仅是提供关键术语的专业词典，它同时集合了所有相关的同义词，学生们可以通过使用它在作业中写出更多高级的专业术语（见表5.14），并用简单的术语或短语来帮助自己理解生词。空白的“单词银行”可以在讲新内容的时候发给学生，请他们在单元课程结束后完成这个表格。教师也可以使用替代性的短语引出一个新的单词。

表5.14 “单词银行”

高阶词汇		普通词汇	
蚊　子	桥　墩	昆　虫	大的根茎
天　棚	稠密的	树　冠	拥挤的树
潮湿的	分　解	黏　的	
紧急的	食肉动物	最高的树	
利昂娜	恐　惧		

2. 完成一半的笔记

使用“完成一半的笔记”帮助那些在课堂上记笔记困难的学生，

这个笔记可以包括单词填充、部分完成的图表、一句话的开头或一个写作的框架。

3. 图片线索

这个方法用于板书或演示文稿中，可以帮助学生理解单词并记住它们的含义。如果你是艺术家风格的（即便你不是），学生们都会对你为了帮助他们而创作的涂鸦心存感激。例如，关于“荷尔蒙”的生物图线索（见图5.15）可以是一条化学信息随着血液流向各个器官的路径。

图5.15 “荷尔蒙”线索图

4. 巧用学习资源

当教学资源和活动可以通过不同的媒介展现时，你就能根据课堂需求展现不同的教学风格。例如，使用一段视频或博客，而不是一页纸来开始一项任务。学生们同样也可以选择自己喜欢的方式来完成他们的作业，例如创作一个贴有标签的图表、一首歌曲或一个模型。我们应该经常让学生在课堂上站起来相互交流，至少每一节课都要有一次。无论仅仅是移动他们的椅子还是加入到一个活动中去，这都体现了一种参与，使学生重新振作起来。结合第二章中的一系列组织图为那些热衷于视觉学习的学生提供额外的帮助，例如思维导图、思考图表、故事脚本与图片等等，它们都是非常有用的参考资料。

5. 落笔之前讨论与思考

为学生制定一个规则，那就是每开始一项活动之前都先通过讨论了解活动，这可以形成“思考—组对—分享”的教学体系，鼓励学生合作学习，这样在落笔时他们会更加自信。

6. 分解法

使用“分解法”是为了在有时间限制的前提下进行短小、简单的活动（可以使用计时器或秒表）。“分解法”可以帮助课堂保持一定的节奏，确保学生不必在拓展活动中仍回顾某个已经解决过的问题，它通过不断地检验教学进度帮助课堂获得成功。

7. 生动的例子

教师举出的例子不应该仅仅局限于诸如解一个方程式、解剖一个植物或鉴定一个四位参考坐标这样的案例。生动的例子可以让教师带动学生进行思考，然后形成一段独白——大声说出他们用来完成这项任务所采取的一系列方法和思考。学生们在得到教师示意后，可以马上开始这项任务。

8. 支架结构法

这个教学技巧可以作为信息提示用在写作框架中。写作框架可能呈现出学生的段落结构、句式开头及实用的连接词等，以此来引导学生进一步思考，丰富这个框架，最后形成一篇有意义的文章。

9. 家庭作业中转站

有一些学生发现在截止日期之前提交或完成家庭作业是一项很大的挑战，家庭作业中转站可以提供一个帮助学生完成作业的结构框架，这需要家长的协助。发邮件给当事人，告知他们家庭作业任务以及教师对任务的期待。如果你的学校组建了家庭作业俱乐部，那再好不过。要注意的是，搭配奖励系统和及时表扬学生的成功会让这条策略实施起来更加容易。

10. 英语非母语学生教学策略

在最后，我想针对英语非母语的学生着重提及一些实用的教学技巧。在前面提到的一些教学策略中，有很多对于英语非母语的学生来说也是具有明显效果的。比如，用于写作的支架教学法、完成了一半的笔记、单词银行等。这里，针对这些学生的特殊需求，我专门提出一些建议：

- 进步不是终点——很多英语非母语的学生都非常有能力，但由于语言障碍，他们可能在测验和考试中的表现不尽人意，在传统的评价系统中，他们可能分数较低，这样会对他们的学习动力和自信心都造成毁灭性的影响。当学生被一门语言吸引的时候，他们通常能在短时间内就取得巨大的进步。我们应该集中关注这些学生通过一次又一次的作业练习取得的进步。这对于来自特别强调高分数与排名的文化氛围中的学生尤为重要。

- 文化交流伙伴——英语非母语的学生不仅要和新语言作斗争，同时还要努力适应一种新的文化。很多英语非母语的学生对我们习以为常的文化背景和课文内容接受起来有一定的困难。这时安排一个"文化交流伙伴"坐在他们旁边，可以帮助这些学生理解本土文化及通用俗语，更快地融入你的班级。

- 简短的家庭作业——英语非母语的学生可能要花费更长的时间来完成你布置的常规家庭作业，为这些学生专门设置较短的任务并让他们记录下来完成每一项作业需要花费的时间，鼓励他们诚实地记录自己花费的时间，以便你更合理地管理他们的任务量。

- 停顿时间——英语非母语的学生需要对每件事情都聆听得特别仔细，然后从一大堆的词汇中挑出哪些是他们不知道的，哪些是他们听懂了的。在日常校园生活中，他们需要比其他学生更加专心，投入更多的精力，一天下来往往身心俱疲，在课堂上你可以适当地给他们一个喘息的机会。甚至你在和其他同学谈话时，英语非母语的学生甚至也会仔细聆听，因为他们试图努力地不落下任何事情。给他们一个信号，告诉他们可以关掉自己的"开关"休息一会儿。当需要他们专心听讲时再给出另外一个信号。

- 做笔记——鼓励英语非母语的学生自己做笔记并恰当地使用一些教学技巧帮助他们完成笔记，就像我们之前提及的，提供给这些学生“完成一半的笔记”，他们只需填入关键词即可。确保你在笔记或作业表中留有足够的地方，这样他们可以在边缘处添加自己的想法、观点等。如果有可能，发给他们一个笔记本，供他们在上面添加自己的注释。

小　结

在本章中，我们介绍了一系列的教学策略帮助教师平衡不同能力学生的差异，开展个性化教学，促使他们在不同层面上获得知识。其中的很多方法都可以作为附加活动，比如“秘密任务”或者“学习加速合同”等，在学生有特殊需求时使用，另外一些则可以为使学生达到事先预定的要求而施行，比如“解决它”或者“布鲁姆挑战墙”。与此同时，我们还罗列了一系列鼓励提出高质量问题、拆分理解层次以及挑战各种假设的教学策略。

尽管这些教学工具都十分有效，但差异化教学本身是非常微妙的，需要日复一日的师生互动、提出问题及互相讨论等的不断积累，我们才可以真正了解学生的需求以及他们不同的个性，而当我们这样做的时候，我们其实就是在搭建一种信任关系，我们的教学也会随之变得与众不同。

学生们应该在每一节课上都能挖掘可挑战自己、让自己取得进步的问题，教师要做的就是在需要进一步挑战的学生和需要帮助的学生之间找到正确的平衡点，确保每一个学生都能获得成长与进步。

6

第六章

如何进行有效的教学测评

教学测评的意义其实就和公路图或旅行指南差不多。从根本上说，教学测评就是指我们使用教学策略来帮助学生了解他们现在所处的位置（他们的知识、技能和能力）、他们的终点（学习目标以及成果）以及他们到达终点需要采用的方法（可以帮助他们取得进步的教学活动）。帮助学生从起点到达终点的过程绝非一条笔直大道，我们清楚沿途会有很多弯路，并且不是所有学生都沿着同一线路前行。教学测评的作用就是给我们提供一种可以塑造这场教学旅行的方法。保罗·布莱克等学者在2002年给教学测评下的定义是“学生和教师通过寻找和阐释学习证据来判断学生目前所处的位置、他们需要到达的目标以及最好的方法”。

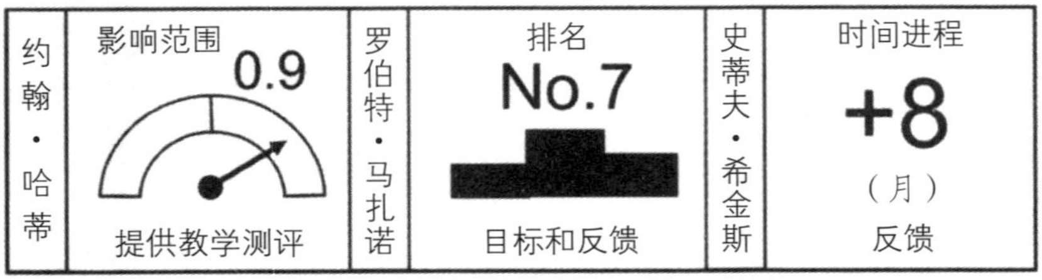

图6.1　以事实为基础的研究认为教学测评非常重要。就使学生取得成就来说，教学测评和目标设定是最具价值的。

保罗·布莱克等学者概括了教学测评的五个关键原则。这些原则都经过了时间的检验，是我们日常使用的基本原理。在这一章，我将概括基于下面五个关键原则的实用教学策略：

- 明确、分享教学目标和成功的标准；
- 推动有效的课堂讨论、提问和教学任务；
- 提供可以激励学生继续向前的教学反馈；
- 激发学生对自己的学习负责；
- 激发学生帮助他人共同进步。

我把教学测评放在最后，并不是因为它最不重要。恰恰相反，我认为它是对前面几章论述的一个重要总结，它巩固了高效教学的每一个方面。

教学测评是我们制定高效的教学计划最得力的工具，它为每一节课都提供了精确的“卫星导航”，能让我们身处课堂的同时可以思考如何开展下一步教学。当学生对自己的学习负起责任并可以对自己的学习进度进行评估时，他们自然而然就积极地参与到教学中来了——教学并不是单向地让他们被动接受的过程，他们应对自己的学习负有责任。激励学生成为自己学习的主导者并帮助其他同学的唯一方法就是鼓励合作学习。同时，如果教学测评致力于满足每一位学生的学习需求，那么它也就构成了差异化教学的基础。

我们可以看到，教学测评是卓越教学的核心，它同时也是帮助学生朝着他们的潜能进一步发展的关键所在。

确保学生知道“游戏规则”

分享教学期望并不仅仅是告诉学生教学目标，它是要为学生提供相关的信息，以便他们对自己的学习进行判断，帮助他们就下一个任务做出设计、细节以及结构等方面的进一步决定。我的第一任校长阿兰·凯利对于教学期望是这样总结的：“确保学生知道游戏的规则。”

检查清单

这也许算得上是提供成功标准指导的最直接方法了。检查清单可以帮助学生了解教师对于他们的期待以及评估自己的学习进度。当检查清单是教师与学生一起设计出来的时候，它会让学生更愿意“买单”。

你可以这样做

- 你的第一项任务就是做出决定：是直接给学生一个检查清单还是与他们一起创造一个。如果你有时间，最好的做法是让你的学生主导完成这个清单，然后你添加一些他们可能忽略但你认为非常重要的标准。

• 清单标准要逐步递进，让你的学生描述一下最好的作业应该是什么样子的，挑出最切实的观点添加到清单上，然后继续提问——良好的与不尽如人意的作业是什么样子的。与此同时，你可以把一些普遍存在的错误放进“不尽如人意”这个类别当中。

• 确定好三个层次的标准后，学生不仅拥有了一份他们需要做什么的检查表，也有了一份可以检测自己作业质量的评估表。

• 在学生完成或提交作业之前，让他们判断一下自己的作业是属于优秀、良好还是不尽人意。

来点儿小变化

与其花费很多时间向学生解释他们应该如何提高，不如把一个学生的优秀家庭作业打印出来、发给学生更加实用。在这个作业范本上可以把出彩的地方和使用的技巧着重标注出来供其他学生参考，这样便不用再花时间解释“这次家庭作业的要求和期望是什么”，同时也给予了表现出色的学生肯定与赞许。你可以每周选择不同学生的作业作为范本，效果会更好。

不尽如人意的答案示例

展示范本能帮助学生了解你对他们的期望，而展示那些不尽如人意的答案同样非常有效。事实上，不管你教哪门学科，有一些错误是大家普遍会犯的，甚至面对有些棘手的难题时学生们会一次又一次地犯错。“不尽如人意的答案示例”是一种着重强调错误的方法，它可以让学生避免再犯同样的错误。

你可以这样做

• 创造一份“不尽如人意”的作业样本，这可以是教师自己编出来的，或者是对最近学生经常犯的错误的收集整理。

• 分发样本，或者把它作为一项家庭作业，让学生对样本做注释或提出他们的反馈。

• 学生们会非常喜欢对这份作业做出评判的，这也是一个能够了解大家常犯错误的好方法。

一些实用小工具

可视器

可视器是一种能够分享随堂范例的实用工具。有些时候，课堂上出其不意地出现了异常优秀的范例，但我们想立即分享给整个班级比较困难，可视器便是可以解决我们燃眉之急的“神器”。它能够捕捉到那些难得的瞬间，不过它需要配备一台发现服务器。那些有先见之明的教师可能早已从管理处预定了这台设备而恰巧能够免费使用，否则，它起价就是110英镑起，无异于一件奢饰品。在便携式电脑大量出现后，现在获取学生的表现后投影到教师黑板上变得容易了很多，但便携式电脑等电子设备并不是每个教室的标配，好在我们现在拥有了更便捷廉价的替代品——数据连接线、U盘等，你可以让学生利用它们直接拷贝视频资源并随时查阅。

会说话的罐子

这种工具最初是为了帮助失明人士而发明的，但它最近在中小学变成了一种广受欢迎的教学工具。它可以让学生给同学或教师留言，以获得个性化指导。这个手掌大小的磁盘有两种模式，通过一个简单的按钮可以进行20秒或40秒的录音。录下一段简短的信息可以让学生得到额外的指导。在教室中放置一个或多个“会说话的罐子”（它们也可以被粘贴在教师的黑板上）是一种照顾学生差异、因材施教的方法。它提醒学生成功的标准、差异化的活动以及传达拓展任务。学生们都会喜欢听到帮助他们按照自己的节奏取得进步的个性化留言。

这个方法与“挑战信封”（第183页）以及“秘密任务”（第184页）一起使用效果更好。

图6.2 USB连接线与会说话的罐子

仪表盘

仪表盘是一个界面，它可以作为信息管理、展示工具。通常情况下是一页纸或一个单独的显示屏幕，仪表盘向使用者展示所有他们需要了解的东西以便他们做出重要的决定。我们可以在课堂上使用这种方法与学生分享重要的考试信息和成功的标准。使用一张A3大小的纸打印出仪表盘，让学生垫在课桌上。仪表盘通常在指尖位置陈列重要信息，让学生在需要时可以轻松查阅。

你可以这样做

- 制作一个仪表盘样本。

• 仪表盘包含了学生在课堂上要用到的重要信息。你的第一步是决定想要展示哪些信息，例如：

◆ 重要的考试技能；
◆ 写作框架范本；
◆ 进度描述；
◆ 重点单词；
◆ 评价标准；
◆ 教室纪律；
◆ 奖励计划；
◆ 教学目标的宏伟蓝图；
◆ 优秀范本。

• 一个好的仪表盘通常包含很多信息，因此合理地设计它尤为重要。使用颜色、图片、表格等让信息一目了然。

• 仪表盘同样可以个性化定制，并在右边留下的空白处记录完成情况、结果以及嘉奖。

六顶思考帽写作法

“六顶思考帽”是英国学者爱德华·德·博诺在1958年开发的一种思维训练模式，我们可将其用作描述小组讨论与个人思考的工具。“六顶思考帽”可以帮助学生围绕一个话题有系统地组织他们的讨论。六顶思考帽颜色不同，每一顶代表一种独特的思考方式，可以在不同的情况下应用，例如讨论问题、形成新想法和办法或者对信息进行加工等，实际上，它对掌握有效合作技巧也能起到极大的作用。

你可以这样做

• 活动开始前，学生必须对每顶帽子都心存感谢，了解每一顶帽子代表的思考类型，并用不同颜色加以区分。你可以从网上下载一些资源帮助你介绍相关的概念。

• 布置写作任务，让学生把“思考帽”安排到写作框架中去，每一顶草帽代表不同的段落并可以被反复运用。

• 这个过程让学生对自己的答案进行思考，并根据合理的顺序安排相应的部分。例如，图6.3就展示了两个写作框架，每一个都有不同的目的。

教学小窍门

为了增加趣味性，从网上下载“思考帽”的手工折纸模型。每一顶帽子颜色不同，但都写有一系列的问题，要求学生使用恰当的思考方式回答。

有效复习的提问法

纵观全书，我们探讨了各种提问技巧，包括鼓励深度思考、合作学习、差异化教学以及拓展学生能力时设计的各种提问方法。在上述几种情况中，提问并不是为了找出学生知道什么，而是为了推动他们的进一步学习。在这个部分，我希望带着大家一起关注一下那些可以用来回顾学生学习进度以便开展进一步教学的技巧。

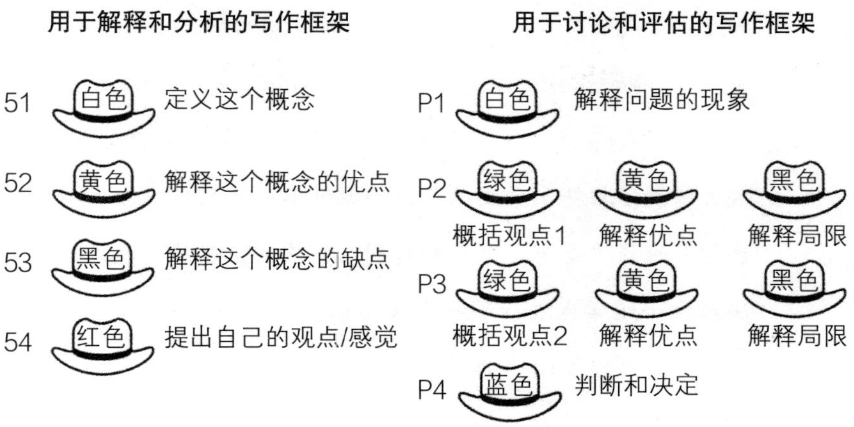

图6.3　思考帽写作框架

复习转盘

复习转盘包含8个在2~5分钟之内就可以完成的方法（见图6.4）。它可以简单而快速地对课堂教学进度进行检测。在你的课堂演示文稿中为它预留一页，按下按钮可以随机选择八个技巧中的任意一个。如果要总结和回顾随堂发生的问题，那么它还需要添加一些元素。回顾教学的真正意义在于确认教学的方向是基于学生的真正需要，事实上，应用每一个方法时我们都应该扪心自问："我们从这里出发，要去向哪里？"

你可以这样做

• 根据需要对"复习转盘"模板加以改造。

• 开始回顾时，点击演示文稿中的按钮并让学生们决定什么时候停止转盘的转动，选中指针停住时所在的图片并展示相关的说明页。

◆ 指示灯——在课堂上使用红、黄、绿三种颜色的卡片快速检测学生的自信程度（红色表示最低，黄色表示中等，绿色则表示最高）。强调课堂的教学目标与完成标准，让学生对自己进行评估并举牌示意。这种方法（以及和它非常类似的向上/向下竖大拇指等技巧）的局限是检测结果不一定精准。学生举起绿色卡片可能只是为了避免引起别人的关注，然而，这种回顾方法对于小组学生进行下一个活动来说还是非常实用的。例如，绿色卡片可以推动他们进行一个新的任务；黄色卡片代表可能需要他们一起再做一些强化这个知识点的活动；而红色可以示意教师过来进行指导。

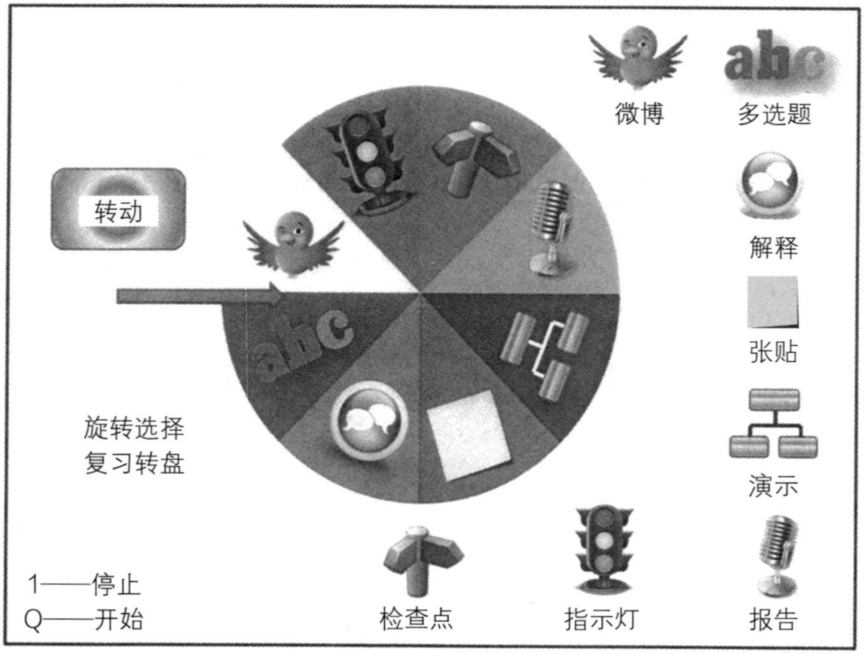

图6.4　复习转盘

- 微博——没有比让你的学生用微博写下一个观点来总结他们学到的知识更好的方法了，提炼所学的知识其实是一个非常艰巨的任务。当学生们组织好观点时，让他们读出微博内容。当然，没有什么可以阻止他们把微博发到朋友圈中。
- 多选题——学生们基于他们从这堂课上学到的知识创造出一道多选题。一道好的多选题是有一些难度的，它通常要包括一些迷惑性的答案，这就需要学生对自己学习的科目进行深层次的思考。
- 解释——学生们两两一组，用2~3分钟的时间向彼此解释他们到目前为止所学到的知识。这种方法鼓励学生交流不同的意见以及修正可能出现的偏差。学生们讨论时，在教室中巡视并聆听他们的对话，形成你下一步的教学策略。
- 张贴——发给每个学生一张便贴纸并让他们写下关于已学知识的一个问题。这可以是他们不确定的某个知识点，也可以是他们想要讨论的话题。然后，学生把这张便贴纸贴在墙上，教师在课堂上浏览贴纸墙并进行相应的解答。
- 演示——让学生选用适当的教学组织图来总结他们所学的知识。
- 报告——给学生5分钟的时间写一篇关于今天课上所学的新闻报道。这篇报道以“今天在雷德芬老师的课堂上……”开始，在教室中传递一个“话筒”给即将播报新闻的学生，将起到更好的效果。
- 检查点——在检查点上，我们要回归三个简单的问题：“你了解到了什么？”“你还有什么不确定的地方？”以及“我们刚才发现了什么？”这种方法非常实用，尤其最后一个问题可以引发学生对“我们从这里出发，要去向哪里”这个问题的思考。

来点儿小变化

“复习转盘”含有八个各有特点的教学技巧，你可以结合你的教程或科目选用合适的技巧。

关键问题提问

就像我们提到的，使用回顾教学进度的策略最终是为了形成这堂课的教学方向，即抓住这堂课的关键问题。关键问题基于课堂中的重要概念，并且在你进行下一步教学之前，理解这个关键点对于学生来说至关重要。教学是根据学生的理解，也就是他们在回答关键问题时给出的答案向前推进的。对关键问题有精准把握才能创造卓越的教学。对于关键问题我们要注意的是：

- 问题的描述时间不能长于30~60秒。
- 学生回答问题的时间不能超过两分钟。
- 所有学生要在同一时间统一作答，例如使用学生的小黑板或者A、B、C、D卡片。
- 你对这些答案的评估时间不能超过30秒。
- 正确答案是可以被说明的，必须具备可成立的理由。
- 多选题或简单的问答题是最好的关键问题题型。

范本：梯形学习

这堂课的内容是学习梯形的特点，要求学生根据梯形的特点找出相应的图形。这是本课的关键点，所有学生都要用自己的小黑板进行回答。

要求学生从图6.5中挑出哪个是梯形，他们很容易选出A或者D，但不可能同时猜中两个答案，除非他们清楚地了解了梯形的概念。使用小黑板意味着所有学生同时作答，教师可以容易地判断哪个学生真正理解了这个概念。从这个关键问题出发，你需要让那些没能答出正确答案的学生完成一个简短的活动——在不同的图形当中数平行线的数量，然后把他们聚到一起并就结果进行快速讨论。而那些掌握了这个知识点的学生则可以开始学习另一个新概念。

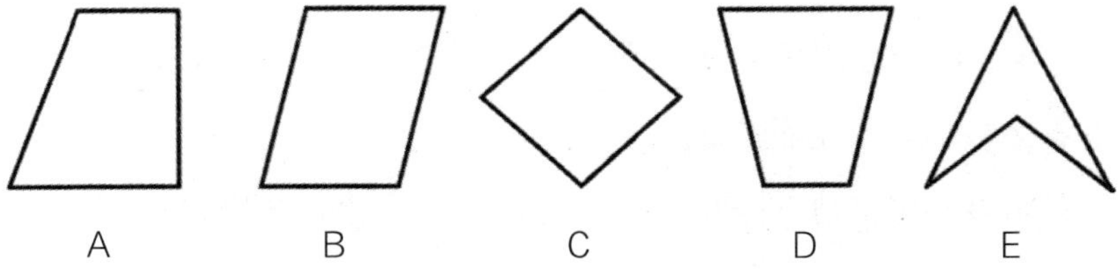

图6.5 梯形判断

教学小窍门

如果你对不同学生采用不同节奏学习并不是那么有把握，不妨试用80/20法则，即如果80%以上的学生都成功答对了关键问题，那么课堂继续，否则，重新回顾这个知识点。

这个方法和“流动课堂”（第192页）以及“Solo分类评价法”（第188页）一起应用效果更佳。

椅子下的问题

让学生积极对待问题的最好方法就是由他们自己提出问题。这条策略可贯穿课堂始终，可以由一系列材料，例如一篇报纸上的文章或一个简短的视频资料引出。当学生试图找出这堂课的关键问题和教学目标时，整个课堂增加了一些神秘感。

你可以这样做

• 选择一些引导材料，例如一幅图片，然后让学生写下他们想回答的任何问题。

• 以提问“什么、谁、哪里、什么时候、为什么”开始最有效。

• 学生把他们的问题写在小黑板或便贴纸上，并放到他们看不到的地方——椅子下面。

• 课堂结束或回顾关键问题时，学生把放在椅子下的问题拿上来，看看有多少学生现在能够解决自己的问题了。

• 随着课程进展，学生随时都会有一些他们想添加到小黑板或便贴纸上的新问题。

来点儿小变化

如果你不想使用“椅子下的问题”这种方法，单独以“什么、谁、哪里、什么时候、为什么”提问或使用引导材料来回顾教学内容也是非常有效的活动。

图片引导法

正如“椅子下的问题”一样，“图片引导法”是一个介绍重要概念以及在课堂最后回顾学生学习进度的好方法。它要求学生使用一个提示（一张图片）形成自己的问题，最后通过今天所学找出答案。

你可以这样做

• 开始上课时，发给学生与今天所学相关的图片，这既可以是个人练习，也可以是两两一组的小组练习。

• 灵活地提供图片。可以是所有学生拿到同一幅画，也可以是每个人拥有不同的图片。

• 要求学生用5分钟基于自己的图片写出一系列他们想了解的问题。开展教学活动，学生将获得知识并试图回答这些问题。鼓励他们对新事物保持好奇心是非常重要的，即便有些问题和你的课堂目标没有太大关系也是好的。

• 最终的问答环节由教师引领，你可以趁机补充更多的问题。

教学小窍门

提醒学生提出问题时使用“问题矩阵”这种方法。如果在课堂中你已经超时、不能顾及所有问题时，使用“问题盒子”这种方法可能是一个不错的选择。

如何有效采用总结式评价

对于教学测评的一种误解就是，它是对学生知识与能力的一种频繁且不间断的评估。但实际上，它只是学生收到的反馈信息，而这种信息可以帮助学生进一步提高他们的表现。总结性评价用于在特定时间点对教学进行总结，比如在一个知识单元、教学大纲或一个项目的最后使用。客观地说，总结性评价与考试紧密联系，是教育系统中必备的一部分。反过来说，总结性评价如果不是为教学所用，那么它将一文不值。

因此，让学生成为总结性评价的胜利者而不是牺牲品至关重要，我们必须学会恰当地使用总结性评价并让学生从中受益。我坚信，最富价值的课堂通常出现在测验或模拟考试前后。下面提供的教学策略正是为了告诉你如何在这两个时间点上进行有效的教学总结。

考试之前

关键三点

我们常见的做法是在学完一个知识点后进行回顾和总结。考试在即，教师可能会花一整节课来做这个，这些专门用来复习的课堂可能用到思维导图或复习检查清单。教师对这段时间的重视是对的，因为它是反映学生所学极好的时间点，但方法有所欠缺。这个气氛紧张的课堂通常以教师为主导，他们站在讲台上喋喋不休地重复整个教学大纲，这样做毫无意义。复习的价值在于让学生提出自己最难掌握的想求助于你的三个关键知识点，我们称之为“关键三点”。它是一个合理应用后能发挥复习时间最大效果的好方法，具有三个显著的优点：

1. 学生需要对自己进行评估，决定他们最需要复习的三个知识点；

2. 学生会自然而然地讨论每一个话题、提出问题并弥补自己知识点上的漏洞。

3. 促使你合理安排复习计划。尽量不要在一节课上涵盖所有的复习要点，这样你就会有更多的时间加入到学生们中间——注重质量而不是数量。

你可以这样做

- 确保你对教学大纲中的每一个知识要点都进行了总结，列出检查清单或展示演示文稿。

• 让学生分组讨论教学大纲并挑出三个他们最希望你复习的知识要点，每个小组应包含能力不同的学生。

• 活动之前，所有学生应该准备好自己的复习清单，并对复习内容进行系统化的分类整理。

• 让学生按照“混合能力”而不是“朋友关系”分组，这样小组中的优秀学生可以帮助能力较差的学生弥补知识漏洞。进一步说，每一节课在同一小组进行活动的学生通常拥有类似的想法和思路，把这些小组打乱重新分配可以让他们接触到新的方法或观点。

• 让全班对他们想要复习的三个知识要点进行投票，并记录那些没有被提及的问题。时间允许的情况下，你可以在课堂最后补充解答这些问题。

这个方法和“三个水桶分类法”（第87页）以及“小组提问”（第167页）一起应用效果更佳。

学生出题员

这个想法的目的是让学生真正了解考试的本质以及试题是如何设计的。就考试来说，它的本意不是对教学进行评估，而是为了让学生理解考试的目的以及可用于审视自身学习的问题类型。作为教师或出题人，我们设计评估标准是为了判定出我们想评估的东西——我们的学生应该了解什么，能够做什么，我们如何测试出来。但学生可不会这样想，他们只会问我们考试中都会出现什么题，然后确保他们学过这些。让学生设计考题（并不是他们最终拿到的试卷）是非常值得提倡的活动，因为它让学生关注那些需要被评估而不仅仅是他们学到的知识点，而且担当出题员可以帮助学生了解考试的标准并减少他们对考试的恐惧。

你可以这样做

- 向学生们提供试卷模板，包括测验内容及范围、试题类型、评分标准、考试时长以及试卷总分。需要时，为每种试题类型配一段简介。
- 让学生分组完成能获得最好的效果，尤其是测验内容要求包含图表时特别有效。同样，让学生为此制作一些引导材料是一个特别有价值的过程，这样可以让他们像出题者一样思考。
- 当每个小组都制作好自己的试卷后，为它们打分并提供有建设性的反馈。反馈主要是关于试题结构与引导材料使用是否合理。
- 每个小组提交试卷之前，给他们几分钟的修改时间。
- 最后，将每份试卷用作课堂复习资料。

来点儿小变化

如果试卷制作需要使用课外材料，要么你自己创造，要么从之前的试卷中选取，然后提供给你的学生。然后，学生应用他们学过的知识并使用地图、分析案例，来找到所学与课外材料之间的联系并构建恰当的试题。例如，发给学生一个随机的四边形，让他们提出一个关于几何学的问题，例如角度、面积或对称关系。

考试之后

总结性摘要

考试之后的画面可能是这样的：我们拿着试卷走进教室时，学生们充满了恐惧，老套守旧的教师大踏步走进来，宣读每一个学生的分数，然后把书丢向那些考得不好的学生。考试之后的课堂是特别有价值的，它能为学生自我评估提供非常好的机会，我们应该趁机开展很多有意义的活动，而不是简单地把试卷发给学生。总结性摘要就是一个能让学生对自己的表现进行有效反馈的好方法。

你可以这样做

• 打分时，在每个学生的试卷上都着重画出一两个问题。这可以是他们回答出色的问题，也可以是他们有待提高的问题，并进一步给出更加详细的反馈意见。

• 让学生为自己的问题制作一个简短的摘要，说明为什么它是好答案，或者为什么它还有待提高，应该如何提高。和其他同学一起分享。

• 要求学生结合教学计划、教师反馈和技术手段打造一个短片或一段视频。

• 学生们可以为他们的摘要配上画外音，进行分析，利用智能手机、电脑等将成果上传至分享网站。

• 这份摘要是学生用于关注自身弱点的分析工具，非常炫酷。

这个方法和“沉默画廊”（需要耳机）（第158页）以及“会说话的罐子”（第215页）一起应用效果更佳。

解读试题

和总结性摘要非常类似，这个方法也意在让学生进行有效的自我评估。将学生分组，每个小组关注、分析试卷的不同部分，并以演讲的形式和其他同学分享。

你可以这样做

• 将试卷分成几个部分，把每一个部分分配给不同的小组。

• 每个小组就被分到的部分做一个简短的演讲，演讲内容应该解释清楚下面的问题：

- 这部分试题的目的是什么？它试图评估学生哪方面的能力？
- 好的答案应该是什么样子的呢（使用案例）？
- 这个案例如何能够更加完善呢？

• 学生演讲时，用教学黑板、便携式电脑和干性笔强调问题的关键点，与同学互动。

教学小窍门

把每一个演讲都做成视频，作为有价值的复习资料发给学生。

这个方法和“10分钟教师体验”（第197页）以及“复合答案”（第155页）两个技巧共同使用效果更佳。

增加5分

这种方法让学生对标记的地方进行反思，以便在可以进步的地方获得提高。

你可以这样做

• 学生阅览自己的试卷时，指出他们在这次考试中还可以再提高5分的地方，这5分并不一定从一个问题中来。

• 选中可提高5分的问题后，让学生有机会做出改变，这样做可以鼓励学生有策略地思考如何进行时间管理以及如何在考试中分配这些分数。

• 让每个学生向其他同学解释自己提高分数的方法作为这个活动的结束。

来点儿小变化

这个活动可演变为同学间相互打分的练习，也就是让学生交换作业相互评分。学生除了会对教师在他们作业本上的批改感到感谢，是不会对其他人有这样的想法的，所以使用复印件会更好。

促进学生自我评估与同伴互评

为了让学生清楚地了解评价标准，他们必须亲自使用它。激励学生成为评价者，而不是简单地坐等教师对自己的评价，这样可以鼓励学生相互协作并对自己的学习负责。如果我们没有教会学生如何自我评价或同伴互评，他们便总会猜测在什么情况下才算取得了进步。自我评价与同伴互评，和教师为主导的教学策略相比，可以带来更大的好处。学生之间会使用和分享适用的语言，并且比起教师的批评，他们可能更愿意接受同伴的批评。当学生进行自我评价或与同伴互评时，教师就可以腾出时间在教室中巡视并帮助那些最需要帮助的学生。这部分概述了一些可用于自我评价以及同伴互评的有效策略。这些技巧都非常简单，但让学生达到一定的水平需要时间和耐心。然而，无论对教师还是学生来说，这都是值得的。

同伴打分

鼓励学生参与评价的有效方法之一就是让他们围绕一个目标，例如一份学生作业，组成学习小组，依据一定的标准讨论这份作业的优点。同伴互评有效地建立起来时，学生们会对自己的贡献感到自信，伴随讨论而来的是教学的又一次华丽蜕变。

你可以这样做

- 把学生们分成学习小组。
- 提供给每个小组一份作业复印件，要求他们根据评估标准进行评价。每个小组拿到的作业应该不同，这些作业案例可以来自别的班级或上一个年级。
- 学生的任务是参考评估标准对这份作业进行标注。小组评价被单独记录到另一张纸上，并附上学生做出如此决定的理由以及对这份作业的反馈意见，比如他/她做得好的地方是什么，如何获得进一步提高。
- 一个小组完成任务后，将批改意见及评估传给另一个小组进行分析和讨论。
- 交换作业直到每个小组都分析了每一份作业或学生们感到厌倦了。

同伴排序

探索学生对于一份作业的看法是非常有意思的。他们通常将最整洁和最长的作业视为最优秀的，你可以证实一下这个假设。

你可以这样做

- 将几份作业的复印件同时发给每一个学习小组。
- 让学生们根据作业价值（而不是结构）来进行排序。
- 当每个学习小组把这些作业都按照从优到差的顺序排列后（学生们应该在不知道这些作业都属于哪个学生的前提下进行），根据他们的选择提问，特别是提问为什么这份作业好于其他作业。这样做，学生们就可以自己制定出成功的关键标准，而不仅仅是通过阅读红色大标题了解成功的标准。

来点儿小变化

把你认为优秀的作业分发下去，看看学生们是否能做出同样的判断。

考试技巧分析纸牌

使用纸牌的方式很多，我最喜欢的就是纸牌游戏（尽管我这样称呼它，但它并不是真正的游戏），因为它是一种简单灵活、可以显示重要的考试标准并有助于自我评价与同伴互评的方法。图6.6是我为商业研究设计的一个纸牌游戏。

你可以这样做

- 把你的考试评估标准写在一副纸牌上发给学生。你可以一次性把一整副纸牌发下去，也可以每介绍一个新技巧就将相应的部分发给他们。纸牌有很多种应用方式。
  - 在开始一个任务之前，例如解决一个考试问题，让学生两两一组挑出写有考试技巧的纸牌并在这个特别任务中实践这个技巧，你可以提前发给学生一个参考清单。
  - 第二个方法就是让学生从纸牌中挑出一张。当他们认为自己在作业中体现了这个技巧时，就把这张纸牌拿出来放在他们的课桌上。学生用这种自我评价方式告诉教师他们已经掌握了某种技巧，教师这时就能知道什么时候检查学生的作业比较好。
  - 第三个选择就是发给学生一个作业范文，让他们选出这份作业使用的技能。这种做法要好于让个人在作业上画出重点句、好词语等，因为小组学习便于他们对选出来的技能进行对比。

解释 （分析）	关键术语 （单词）	平衡
这是一个非常清楚的解释，因为……	回答中要包含相关的商业术语。	答案要体现平衡和警示。 然而……但是…… 从另一方面讲……

图6.6　纸牌游戏

红绿灯反应

这是一个非常好的诊断技巧，可用于鼓励学生针对反馈回来的作业进行自我评价及同伴互评，指出还可以进一步提高的地方。给学生的作业打分时，用信号灯红黄绿三种颜色对学生进行分类。作业发回给学生后，他们可以像图6.7展示的那样分组学习。

同伴反馈表

同伴反馈表是一个可以让全班参与评估其他同学作业的方法。它要求每一个学生都花费一定时间来浏览同伴的作业，然后做出相应的评价并对这些评价负责。当每个学生只需要对一个方面进行详细的反馈时，同伴互评就变得容易很多。

你可以这样做

- 发给每个学生一张同伴反馈表，上面包含得分/成功的标准和点

图6.7　红绿灯反应

评这几项（见表6.8）。

• 将一份作业分成特定的几个方面，如拼写、标点符号、案例使用、术语应用等，让学生给予反馈。

• 评价范围设定得越窄，每一个学生提供具体且实用的反馈就越容易。就像我们讨论过的，评价这项技能需要时间的积累才能得到更好的提高和开发，所以不要在一开始就期待学生成为评价的专家。

• 学生在课堂里走动并阅读每一个学生的作业，选中一份作业后在反馈表的相应位置留下他们的评价。

• 活动最后，学生拿回自己的作业和反馈表，他们可以看到来自同伴的评价。

表6.8 同伴反馈表

同伴反馈表			
姓名：________		作业：________	
拼写和语法（在下面的条目中画圈）			
优 秀	良 好	需要提高	缺少论据
点评/范例			
内 容（在下面的条目中画圈）			
优 秀	良 好	需要提高	缺少论据
点评/范例			
使用关键术语/有技巧的语言（在下面的条目中画圈）			
优 秀	良 好	需要提高	缺少论据
点评/范例			
解释和分析（在下面的条目中画圈）			
优 秀	良 好	需要提高	缺少论据
点评/范例			
评 价（在下面的条目中画圈）			
优 秀	良 好	需要提高	缺少论据
点评/范例			

通过评分进行有效反馈

所有研究都认为反馈是促进学生出色完成作业的重要因素之一。大多数教师听到这种说法都会非常欣慰，因为我们花费了大量时间给学生的作业打分以及提出帮助他们做得更好的评语。之后，工作就完成了吗？反馈的另一个重要价值在于它的警示作用。如果在我们给学生作业打分时并没有一个清楚明确的教学方法，教师们可能提供一些养分不高的评价，甚至传达错误的信息，最坏的结果就是学生忽略我们的反馈。对于有效的评分来说并没有什么灵丹妙药，我们都需要自己判断出何种方式最适合我们的学生和教学。当然，有一些重要的原则是基本不变的，可以应用在任何评分、反馈中，我将其纳入了一个批改四步模型（见图6.9）。

1. 明 确

明确是指识别学生任何有误的理解或概念，这并不是要纠正学生们因为缺乏练习或不够细心而犯的那些错误（我们在之后几页概括了一系列的方法可用来解决这类错误并鼓励学生们自行更正），而应该说明为什么有些事情是正确的（是一个好的范例），有些是不正确的（是一个不尽如人意的范例），使用这样的短语："这就是我想要的"或"你可以告诉我为什么它是正确（不正确）的吗"。用这种方法，明确原则便是分享学习期望、建立成功标准的重要组成部分。

2. 表 扬

卡罗尔·德韦克着重强调了表扬使用不当时的毁灭性结果，她是这样说的："当你被给予一个正面的标签时，你会非常害怕失去它，而当你被贴有一个负面的标签时，你会害怕拥有它。"这也就是为什么表扬要具体并针对努力而不是针对与生俱来的能力或成功本身。正如我在成长六步法（第76页）中强调的，我们应该表扬那些引导我们取得成功而进行的努力而不是成就本身。小小的夸奖如"做得好"或"优秀"通常会在我们评价一份作业时轻易从我们的笔尖溜出，这并不是一件坏事，但我们的评论应该试图关注那些进步以及我们看到的进步的过程。我们可以提供给学生们最好的表扬——并不仅仅是为什么这个作业做得不错，而是为什么这份作业比起这个同学的上一份作业做得更好，因此，表扬的关注点是他们做了什么而不是他们是什么。

3. 目 标

我们为学生的作业打分以及提供反馈的理由之一是要帮助学生取得进步，使用的目标也要越具象越好。目标设定的常见问题是，一份作业表现得越突出，对其设定有意义的可以提高的目标就越困难，特别是我们的很多目标都只适用于具体的考试标准，那么，我们应该如何为那些已经取得A的学生制定目标呢？一种比较实用的方法就是形成引发他们思考的高阶问题并且针对他们学习的知识进行发问，例如，"这个案例经常发生吗？""你是如何知道的？""还有其他的方法吗？"这些通常是引发思考不错的问题。

4. 提 高

如果我们不期望学生对我们的反馈有所回应并因此提高他们的作业质量，那么评分和反馈都是毫无价值的，这就是为什么最后一个原则是确保学生们花费一些时间对我们的反馈进行回应并取得进步的原因。在忙碌的教学中，时间是非常宝贵的，但针对作业进行反馈以及有所提高和其他活动一样具有不可忽略的价值。反馈、回应和提高的闭环开启了学生与教师间不间断的对话，并形成了下一步的教学进程。

图6.9　批改四步模型

超级有效的打分技巧

对于给学生作业打分的影响有很多争议。不管是不是最好的方法，这里都提供了一些跳出传统评分系统的新方法，它们让学生不仅关注“是什么”，更关注“为什么”。

事前打分

我们为什么不让学生提交作业时，附上他们自己对作业的评分呢？当我们教会学生什么是成功标准和有效得分重点后，事前打分可以让学生对他们的作业进行具有批判性的思考。同样，当学生们学习并了解到考试的标准后，在课程最后应用这种方法最有效。然后，你可以根据学生们的打分添加支持观点或纠正学生的判断。

这个方法和“检查清单”（第213页）以及“奖牌和任务”（第241页）一起应用效果更佳。

事后打分

当一份被打过分的家庭作业发回给学生时，他们关注的第一件事就是这份作业得了多少分，这往往会让学生忽略了最重要的教师反馈。因此，在你的计分本上先把学生的分数记录下来，然后只发给学生们针对他们的作业思路是否清晰、未来应达到的目标的反馈，以及表扬。当学生们改正了作业上的任何一个错误或取得相应的进步时，再把他们的分数发给他们。

只有评语

为什么一定要让分数来烦扰我们呢？与其让分数来影响我们的学生，不如让学生自己决定分数，这个方法可以向学生们证明分数对于衡量进步和教学来说是武断且次要的。向你的学生提供有效的反馈并告诉他们如何进行提高。再一次强调，你的评语要关注作业思路是否明晰、表扬以及目标。让你的学生两两一组或多人一组，使用评分标准并结合你的评语决定他们自己的分数。

不用颜色标注法

评价学生的作业时，突出关键点的最好方式就是使用不同颜色来强调不同的技巧和说明。这里有两个范本。

用绿色代表成长

给每个学生一支绿色的笔。当阅读你的反馈时，让学生使用绿色的笔在作业上标注必要的更正/进步。通过查阅他们的练习册和活页夹，进步显而易见，一目了然。

用紫色代表进步

这是强调随着时间的积累所取得的进步的方法。较前一次作业有所进步的任何一个方面都可以用紫色的笔进行标注、强调或者评论。不管什么时候看到紫色的评论，他们都能清楚地知道这是他们有所提高的方面，或是达到了他们之前设定的目标，他们也会因此自然地把紫色和表扬联系到一起。

评价与鼓励挂钩

不管评分和反馈的原则是什么，评价与鼓励都要保持一致性。一些常见的方法包括“两颗星星一个愿望”、“什么是好的”以及“如果这样可以更好”，甚至是简单地使用“=”，“+”或“−”这些符号指出一份作业是未达成目标（不及格），达成目标（及格）还是超出目标（优秀）。

奖牌和任务

我最喜欢的鼓励形式就是“奖牌和任务”。

你可以这样做

• 学生完成一项家庭作业后，为每位学生制作一张“奖牌和任务”卡，就像图6.10展示的那样。

• 在提交家庭作业时，学生们附上一个对于本次作业的小结，小结主要是学生对自己在这份作业中的表现做出的评价。

• 收到这份作业后，你填写“奖牌”（在这里你给学生们提出表扬）和“任务”（至少在下次作业中要达到的一个目标或者你希望他们提高的地方），或者将其作为一个同伴互评的活动。

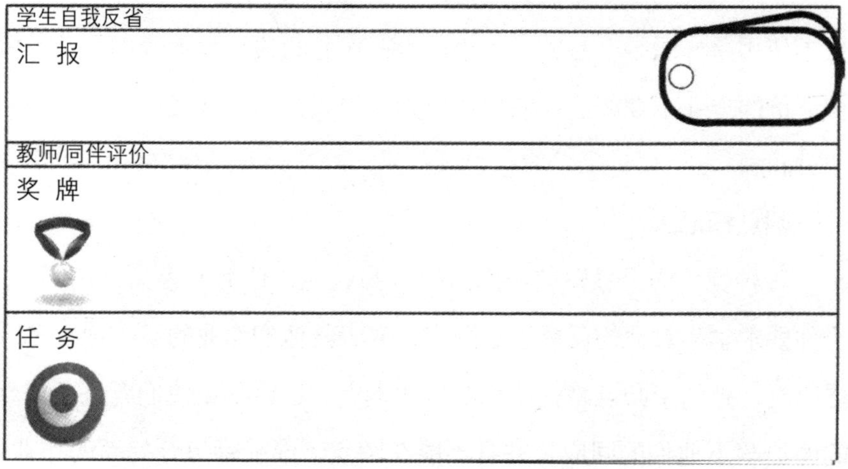

图6.10 奖牌和任务

优先考虑学生进步

作业签收

发给学生们一个表格，用作他们作业完成情况的检查清单。每批改一份作业，教师就在检查清单上写下这个作业的名称、完成日期并签上名字。当学生们改正其中的错误或取得进步时，他们同样在检查清单上标上日期并签名。除非他们有了一定的提高并已经在检查清单上签名，否则他们的第二份作业将不会被批改。借此，教师告诉学生什么时间以及什么地方是需要修改的，而学生则表明他/她什么时候准备好了完成下一个作业。这个方法看起来有些严苛，但它真的非常奏效。

在顶端设立目标

令人沮丧的是学生们会一遍又一遍地犯同一个错误，那么，为什么不使用这样的一个系统——让学生在作业的顶端写下他们在上一份被评价的作业中期望达到的目标作为提醒呢？再一次强调，进步是需要时间的。

圆点标记法

各种颜色的可粘贴的小圆点很容易就能在任何一家文具店买到。当你要求学生对你的反馈进行回应，或者就他们作业的某个地方有所提高时，把这个圆点粘在他们的作业本上。告诉学生他们应该在圆点的旁边写下他们的回应，并且不能在圆点下面或旁边开始新的作业。应该预留足够的空间给学生写下他们的回应或自己的提高。进一步说，不同颜色的圆点可以引发不同类型的回应。

高效批改作业的10种方法

作为教师，你是不是总觉得自己深陷学生作业的泥潭中不可自拔，仿佛每天都是在批改作业中度过的？然而，批改应该是更加强调智慧而不是努力的工作。这里我们将提供一些可以减轻你负荷的策略。不要忘了让学生也参与这个过程，它会帮助我们建立一个独立学习、自我更正的学习氛围。

1. 缩写反馈

为了节省对普遍存在的错误进行书面反馈的时间，缩写关键点反馈是一个不错的方法，尤其是对写作能力进行评价的时候，这个方法会非常奏效。关键点反馈缩写形式应该贴在学生的课本上。例如，DD代表需要更多的细节描述和更深入的思考；AP代表应联系上下文。所有关键词都应该指明学生需要进步的方向。

2. 同伴批改

让学生在课堂一开始交换他们的家庭作业，根据教师给出的标准答案互相批改作业。或者，让学生们在上课之前交换家庭作业，教师把答案公布到学校网站上，要求学生浏览网站上的答案做好批改。

3. 学生范例

与其花费时间向学生解释如何提高作业质量，不如从学生作业中找出优秀范例打印出来附在家庭作业中分发给他们。范例不仅树立了一个好榜样，也体现了教师要求学生掌握的某些技能，这样做能节省大量宝贵的教学时间，同时给予范例作者一种表扬。每周挑选不同学生的作业作范例，这个方法能让所有学生都受到鼓励。

4. 分数解读法

为家庭作业或小测验打分，并在发回作业时提供评分标准，要求学生两两一组或多人一组根据评分标准以及他们作业中强调的重要方面来解释自己得分的原因。这个方法在帮助学生找出不同作业的差别时特别实用。

5. 学生自评法

当作业出现重复错误时，教师可先对其中一两个问题进行批改和反馈，之后允许所有学生对其余同类型的问题进行批改，他们可以参考教师对之前问题的反馈。

6. 关注点反馈

让学生们着重强调一个特别的技能或是在他们的作业中想要得到具体反馈的某一个方面——例如，拼写和语法、专业术语、恰当逻辑或一个具体的技能，如评估。这个方法对于年龄较大或更有能力的学生来说可能更加适用，因为他们了解自己的强项以及需要提高的方面。它同样可以帮助教师重点在某一个方面提供具体的反馈而不需要面面俱到。

7. 在线打分

很多网站现在都有制作测验并打分的功能，有一些甚至包含了诸如Socrative这样的实用工具，它可以提供简答题以及多选题的测验并同时给出批改后的答案和校对的结果。评估以知识为基础的科目时，这种方式可以节省很多时间。

8. 旁　批

使用缩写在相关段落旁边对错误或不当之处进行批改。学生们的职责就是找到和更正这些错误，比如旁批“SP”字样代表拼写错误，要求学生自己查阅字典后更正它们，不要代替学生们做这些！

9. 重复错误编号法

和缩写反馈非常类似，但它更针对一个具体的任务。学生们经常会犯类似的错误，你可能需要重复写下相似的评价，从而非常耗时。不如每次判断出一个新问题时，就在一个单独的文件中打出你的评价并进行编号，然后在学生们作业的边缘处写上相应的编号。你会发现前面的几份作业可能需要一些时间，但当你批阅一摞作业并发现相同的问题时，你的批阅速度就会大大提高。不管何时使用这个方法，我都会发现我的反馈更加具体，也不会因为批改把学生的作业弄得乱七八糟——这是他们最不喜欢的。

10. 学生自我评估及同伴互评

自我评估及同伴互评在很多时候都很有用，但都需要伴随着教师评价。也就是说，要真正了解学生进步的轨迹，在任何被评估的作业中都要标注上教师评价、自我评估以及同伴互评，因为它们代表了这个作业是如何被批改的。在学年初，投入时间去训练学生学会如何评估、如何批改作业并提供有质量的反馈是十分必要的。

小结

在本书中，我们探讨了卓越教学的六个关键原则，包括高效制定与准备教学计划、开发学生思考技巧、合作学习、提高课堂参与度、差异化教学以及教学测评，这些都是卓越课堂不可或缺的要素，而应用我介绍的技巧、方法与活动能让我们的学生得到飞速的提高。教学测评把这些原则有机地联系在了一起。首先，开发了学生的思考技能，他们就有能力进行反省和自我评价，随着时间的积累了解他们的进步与潜能。这种自我意识也促使他们对所学融会贯通并更加关注教学进度。最终，了解自己“所处的位置”以及“从什么地方来”，他们会更有意愿建立新目标并更有信心去实现它们。学生自己就是优秀课堂实践的最好例证，合作学习帮助他们参照同伴的优点，更好地实现自己的目标。进一步说，通过同伴互评，学生们可以帮助彼此找到知识漏洞。好的教学测评能有效弥补我们在教学中使用的各种策略的不足。

结 语 / FINAL WORDS

正如我开篇所说，这本书是课堂实操指南，因此它提供了一系列具体、实用的方法，教师们可以借此磨砺自己的教学技能。选择一个方法稍加变动，使之成为自己的教学技巧，再分享给其他同事并鼓励他们也这样做。记住，书中的这些方法叫什么并不重要，所以尽管用你喜欢的方式称呼它们，唯一重要的是这些方法适合你和你的学生。教学本身并不是标准化的，不可能以一当百。

英国的学校中有大量令人惊叹的教学方法。在过去的几年中，我也非常有幸地见证了教学环境的改善。作为教育者，我们的职责之一是通过向其他人学习让教学更加卓越并把这些好的实践案例分享给更多的同行。尽管有一些质疑声称教学的变革不过是换汤不换药，但这并不意味着不值得追求。改善以及进步是引发革新的基础，就像我们的学生一样，如果想要满足学生日渐成长的学习需求，我们就要不断学习。

在学校中，我们都承受着完成考试目标、帮助学生尽可能获得高分的教学压力。但更重要的是，我们要教给每一个学生毕业前应该掌握的正确的技能、特质和价值观，这些都是让他们在充满竞争的社会中有立足之地的根本。不论你的教育理念是什么，只要我们掌握一些正确的教学方法，实现任何一个教学目标都不再是遥不可及的事情。

我们不需要妥协。

我们的学生有权享有这一切。

- 风靡全球的“翻转课堂”和“翻转学习”，最早起源于本书的两位作者乔纳森·伯尔曼和亚伦·萨姆斯，他们所任教的美国科罗拉多州落基山的“林地公园”高中被誉为“翻转课堂圣地”，他们在学校长达10余年的对于翻转课堂的实践，已经引起越来越多的人的关注，以至于经常受到邀请向全世界同行介绍这种教学模式
- 来自“世界翻转课堂圣地”的成功模式——轻松效仿
- 被誉为“翻转课堂先驱”的他们对翻转课堂进行了长达十余年的勇敢尝试——成效显著
- 数学和科学卓越教学总统奖得主震撼力作——超强影响力

作者简介：乔纳森·伯格曼，获得过数学和科学卓越教学总统奖（该奖项是美国数学和科学教学领域杰出表现的最高认证），被誉为“翻转课堂先驱”。他和亚伦对翻转课堂进行了长达十余年的勇敢尝试和实践，引起了全世界的关注，世界各地的小学、初中、高中乃至成人教育都纷纷采用这种模式来教授各个学科，并取得了卓越的成效。

亚伦·萨姆斯，获得过数学和科学卓越教学总统奖，被誉为“翻转课堂先驱”。他和乔纳森一起为“翻转课堂”这种教学模式的完善和推广做出了巨大的贡献。

入选中国教育新闻网2015年度“影响教师的100本书”

翻转课堂与慕课教学：
一场正在到来的教育变革

ISBN：978-7-5153-2823-2
作者：[美]乔纳森·伯格曼，亚伦·萨姆斯
2015-1　定价：26.00元
上架建议：教师用书　畅销书
9 787515 328232 >

内容简介：《翻转课堂与慕课教学》开始于一个简单的观察：在传统课堂上，学生一直很被动地接受教师的答案。而现在，作者乔纳森·伯格曼和亚伦·萨姆斯尝试了翻转课堂模式，这种模式以学生为中心，鼓励学生为自己的学习负责，并广泛运用于学生的家庭作业、课堂任务、实验和考试等各个方面。

通过10余年的勇敢尝试，乔纳森·伯格曼和亚伦·萨姆斯渐渐发现这种模式可以复制到任何一个课堂，也不需要更多金钱的投入。在这本书中，你将知道“翻转课堂”模式究竟是什么，为什么这种模式会有效，如何实施这一模式。

翻转学习：如何更好地实践
翻转课堂与慕课教学

ISBN：978-7-5153-3483-7
作者：[美]乔纳森·伯格曼，亚伦·萨姆斯
2015-9　定价：32.00元
上架建议：教师用书　畅销书
9 787515 334837 >

内容简介：本书探讨的是一场比翻转课堂更深入的变革：老师不仅仅考虑翻转自己的课堂，而是更为深入地去翻转整个学习过程——如何最充分地利用与学生面对面的时间，从根本上改变课堂和学校，从而满足每一个学生的需要，真正达到定制化学习体验，实现教育“最有效点”。

翻转学习的最大力量正是能够为每一个孩子定制学习。教师可以集中精力改变课堂，使它完全以学生为中心。翻转学习将永远改变教师的教学和与学生互动的方式：学生不仅提高了成绩，而且习得了更加重要的批判性思维和写作技能。教师在课堂上比以往任何时候都兴奋和轻松。

“常青藤”书系—中青文教师用书总目录

	书名	书号	定价
	特别推荐——从优秀到卓越系列		
★	从优秀教师到卓越教师：极具影响力的日常教学策略（入选浙江省教师节用书）	9787515312378	33.80
★	从优秀教学到卓越教学：让学生专注学习的最实用教学指南	9787515324227	39.90
★	从优秀学校到卓越学校：他们的校长在哪些方面做得更好	9787515325637	33.80
★	卓越课堂管理（中国教育新闻网2015年度“影响教师的100本书”）	9787515331362	88.00
	名师新经典/教育名著		
	在芬兰中小学课堂观摩研修的365日	9787515363608	49.00
★	马文·柯林斯的教育之道：通往卓越教育的路径（《中国教育报》2019年度“教师喜爱的100本书”，中国教育新闻网“影响教师的100本书”。朱永新作序，李希贵力荐）	9787515355122	49.80
★	如何当好一名学校中层：快速提升中层能力、成就优秀学校的31个高效策略	9787515346519	29.00
★	像冠军一样教学：引领学生走向卓越的62个教学诀窍	9787515343488	49.00
	像冠军一样教学 2：引领教师掌握62个教学诀窍的实操手册与教学资源	9787515352022	68.00
★	如何成为高效能教师（美国最畅销教师用书，销量超过350万册，教师培训第一书）	9787515301747	89.00
★	给教师的101条建议（第三版）（《中国教育报》“最佳图书”奖）	9787515342665	33.00
★	改善学生课堂表现的50个方法（入选《中国教育报》“影响教师的100本书”）	9787500693536	33.00
	改善学生课堂表现的50个方法操作指南：小技巧获得大改变	9787515334783	29.00
★	优秀教师一定要知道的17件事（美国当前最有影响教育畅销书作者全新力作）	9787515342726	23.00
	美国中小学世界历史读本 / 世界地理读本 / 艺术史读本	9787515317397等	106.00
	美国语文读本1-6	9787515314624等	252.70
	和优秀教师一起读苏霍姆林斯基	9787500698401	27.00
	快速破解60个日常教学难题	9787515339320	39.90
★	美国最好的中学是怎样的——让孩子成为学习高手的乐园	9787515344713	28.00
	建立以学习共同体为导向的师生关系：让教育的复杂问题变得简单	9787515353449	33.80
	教师成长/专业素养		
	卓越教师工具包：帮你顺利度过从教的前5年	9787515361345	49.00
★	可见的学习与深度学习：最大化学生的技能、意志力和兴奋感	9787515361116	45.00
	学生教给我的17件重要的事：带给你爱、勇气、坚持与创意的人生课堂	9787515361208	39.80
★	教师如何持续学习与精进	9787515361109	39.00
	从实习教师到优秀教师	9787515358673	39.90
	像领袖一样教学：改变学生命运，使学生变得更好（中国教育新闻网2015年度“影响教师的100本书”）	9787515355375	49.00
★	你的第一年：新教师如何生存和发展	9787515351599	33.80
	教师精力管理：让教师高效教学，学生自主学习	9787515349169	28.00
	如何使学生成为优秀的思考者和学习者：哈佛大学教育学院课堂思考解决方案	9787515348155	39.80
	反思性教学：一个已被证明能让所有教师做到最好的培训项目（30周年纪念版）	9787515347837	49.00
★	凭什么让学生服你：极具影响力的日常教育策略（中国教育新闻网2017年度“影响教师的100本书”）	9787515347554	28.00

	书名	书号	定价
	运用积极心理学提高学生成绩（中国教育新闻网2017年度“影响教师的100本书”）	9787515345680	39.80
	可见的学习与思维教学：成长型思维教学的54个教学资源：教学资源版	9787515354743	36.00
★	可见的学习与思维教学：让教学对学生可见，让学习对教师可见（中国教育报2017年度“教师最喜爱的100本书”）	9787515345000	29.80
	教学是一段旅程：成长为卓越教师你一定要知道的事	9787515344478	39.00
	安奈特·布鲁肖写给教师的101首诗	9787515340982	35.00
	万人迷老师养成宝典学习指南	9787515340784	28.00
	中小学教师职业道德培训手册：师德的定义、养成与评估	9787515340777	32.00
	成为顶尖教师的10项修炼（中国教育新闻网2015年度“影响教师的100本书”）	9787515334066	35.00
★	T. E. T. 教师效能训练：一个已被证明能让所有年龄学生做到最好的培训项目（30周年纪念版）（中国教育新闻网2015年度“影响教师的100本书”）	9787515332284	49.00
	教学需要打破常规：全世界最受欢迎的创意教学法（中国教育新闻网2015年度“影响教师的100本书”）	9787515331591	45.00
	10天卓越教师自我培训（教育家安奈特·布鲁肖顶尖卓越教师培训教材）	9787515329925	29.00
	给幼儿教师的100个创意：幼儿园班级设计与管理 / 为幼升小做准备	9787515330310等	58.00
	给小学教师的100个创意：发展思维能力	9787515327402	29.00
	给中学教师的100个创意：如何激发学生的天赋和特长 / 杰出的教学 / 快速改善学生课堂表现	9787515330723等	87.90
	以学生为中心的翻转教学11法	9787515328386	29.00
	如何使教师保持职业激情	9787515305868	29.00
★	如何培训高效能教师：来自全美权威教师培训项目的建议	9787515324685	32.00
	良好教学效果的12试金石：每天都需要专注的事情清单	9787515326283	29.90
★	让每个学生主动参与学习的37个技巧	9787515320526	45.00
	给教师的40堂培训课：教师学习与发展的最佳实操手册	9787515352787	39.90
	提高学生学习效率的9种教学方法	9787515310954	27.80
★	优秀教师的课堂艺术：唤醒快乐积极的教学技能手册	9787515342719	26.00
★	万人迷老师养成宝典（第2版）（入选《中国教育报》“2010年影响教师的100本书”）	9787515342702	39.00
	高效能教师的9个习惯	9787500699316	26.00
	课堂教学/课堂管理		
	跨学科项目式教学：通过“+1”教学法进行计划、管理和评估	9787515361086	49.00
	课堂上最重要的56件事	9787515360775	35.00
★	全脑教学与游戏教学法	9787515360690	39.00
★	深度教学：运用苏格拉底式提问法有效开展备课设计和课堂教学	9787515360591	49.90
★	一看就会的课堂设计：三个步骤快速构建完整的课堂管理体系	9787515360584	39.90
	如何有效激发学生学习兴趣	9787515360577	38.00
	如何解决课堂上最关键的9个问题	9787515360195	49.00
	多元智能教学法：挖掘每一个学生的最大潜能	9787515359885	39.90
★	探究式教学：让学生学会思考的四个步骤	9787515359496	39.00
	课堂提问的技术与艺术	9787515358925	49.00
	如何在课堂上实现卓越的教与学	9787515358321	49.00

	书名	书号	定价
	基于学习风格的差异化教学	9787515358437	39.90
★	如何在课堂上提问：好问题胜过好答案	9787515358253	39.00
★	高度参与的课堂：提高学生专注力的沉浸式教学	9787515357522	39.90
	让学习变得有趣	9787515357782	39.00
★	如何利用学校网络进行项目式学习和个性化学习	9787515357591	39.90
	基于问题导向的互动式、启发式与探究式课堂教学法	9787515356792	49.00
	如何在课堂中使用讨论：引导学生讨论式学习的60种课堂活动	9787515357027	38.00
	如何在课堂中使用差异化教学	9787515357010	39.90
★	如何在课堂中培养成长型思维	9787515356754	39.90
	每一位教师都是领导者：重新定义教学领导力	9787515356518	39.90
★	教室里的1-2-3魔法教学：美国广泛使用的从学前到八年级的有效课堂纪律管理	9787515355986	39.90
	如何在课堂中使用布卢姆教育目标分类法	9787515355658	39.00
	如何在课堂上使用学习评估	9787515355597	39.00
	7天建立行之有效的课堂管理系统：以学生为中心的分层式正面管教	9787515355269	29.90
	积极课堂：如何更好地解决课堂纪律与学生的冲突	9787515354590	38.00
	设计智慧课堂：培养学生一生受用的学习习惯与思维方式	9787515352770	39.00
	追求学习结果的88个经典教学设计：轻松打造学生积极参与的互动课堂	9787515353524	39.00
	从备课开始的100个课堂活动设计：创造积极课堂环境和学习乐趣的教师工具包	9787515353432	33.80
	老师怎么教，学生才能记得住	9787515353067	48.00
	多维互动式课堂管理：50个行之有效的方法助你事半功倍	9787515353395	39.80
	智能课堂设计清单：帮助教师建立一套规范程序和做事方法	9787515352985	49.90
	提升学生小组合作学习的56个策略：让学生变得专注、自信、会学习	9787515352954	29.90
	快速处理学生行为问题的52个方法：让学生变得自律、专注、爱学习	9787515352428	39.00
	王牌教学法：罗恩·克拉克学校的创意课堂	9787515352145	39.80
	让学生快速融入课堂的88个趣味游戏：让上课变得新颖、紧凑、有成效	9787515351889	39.00
★	如何调动与激励学生：唤醒每个内在学习者（李希贵校长推荐全校教师研读）	9787515350448	39.80
	合作学习技能35课：培养学生的协作能力和未来竞争力	9787515340524	59.00
	基于课程标准的STEM教学设计：有趣有料有效的STEM跨学科培养教学方案	9787515349879	68.00
	如何设计教学细节：好课堂是设计出来的	9787515349152	39.00
	15秒课堂管理法：让上课变得有料、有趣、有秩序	9787515348490	33.80
	混合式教学：技术工具辅助教学实操手册	9787515347073	39.80
	从备课开始的50个创意教学法	9787515346618	29.00
	中学生实现成绩突破的40个引导方法	9787515345192	33.00
	给小学教师的100个简单的科学实验创意	9787515342481	39.00
	老师如何提问，学生才会思考	9787515341217	33.80
	教师如何提高学生小组合作学习效率	9787515340340	39.00
	卓越教师的200条教学策略	9787515340401	49.90
	中小学生执行力训练手册：教出高效、专注、有自信的学生	9787515335384	33.80
	从课堂开始的创客教育：培养每一位学生的创造能力	9787515342047	33.00

	书名	书号	定价
	提高学生学习专注力的8个方法：打造深度学习课堂	9787515333557	35.00
	改善学生学习态度的58个建议	9787515324067	36.00
★	全脑教学（中国教育新闻网2015年度“影响教师的100本书”）	9787515323169	38.00
★	全脑教学与成长型思维教学：提高学生学习力的92个课堂游戏	9787515349466	39.00
★	哈佛大学教育学院思维训练课	9787515325101	36.00
	完美结束一堂课的35个好创意	9787515325163	28.00
	如何更好地教学：优秀教师一定要知道的事（被英国教育界奉为圣经的教学用书）	9787515324609	36.00
	带着目的教与学	9787515323978	28.00
★	美国中小学生社会技能课程与活动（学前阶段/1-3年级/4-6年级/7-12年级）	9787515322537等	153.80
	彻底走出教学误区：开启轻松智能课堂管理的45个方法	9787515322285	28.00
	破解问题学生的行为密码：如何教好焦虑、逆反、孤僻、暴躁、早熟的学生	9787515322292	36.00
	13个教学难题解决手册	9787515320502	28.00
★	让学生爱上学习的165个课堂游戏	9787515319032	39.00
	美国学生游戏与素质训练手册：培养孩子合作、自尊、沟通、情商的103种教育游戏	9787515325156	49.00
	老师怎么说，学生才会听	9787515312057	28.00
	快乐教学：如何让学生积极与你互动（入选《中国教育报》“影响教师的100本书”）	9787500696087	29.00
★	老师怎么教，学生才会提问	9787515317410	29.00
★	快速改善课堂纪律的75个方法	9787515313665	28.00
★	教学可以很简单：高效能教师轻松教学7法	9787515314457	39.00
★	好老师可以避免的20个课堂错误（入选《中国教育报》“影响教师的100本图书”）	9787500688785	39.90
★	好老师应对课堂挑战的25个方法（《给教师的101条建议》作者新书）	9787500699378	25.00
★	好老师激励后进生的21个课堂技巧	9787515311838	39.80
★	开始和结束一堂课的50个好创意	9787515312071	29.80
	好老师因材施教的12个方法（美国著名教师伊莉莎白“好老师”三部曲）	9787500694847	22.00
★	如何打造高效能课堂（美国《学习》杂志“教师必选”奖，“激励教师组织”推荐书目）	9787500680666	29.00
	合理有据的教师评价：课堂评估衡量学生进步	9787515330815	29.00
	班主任工作/德育		
★	北京四中8班的教育奇迹	9787515321608	36.00
★	师德教育培训手册	9787515326627	29.80
	中小学教师职业道德培训手册：师德的定义、养成与评估	9787515340777	32.00
★	好老师征服后进生的14堂课（美国著名教师伊莉莎白“好老师”三部曲）	9787500693819	39.90
	优秀班主任的50条建议：师德教育感动读本（《中国教育报》专题推荐）	9787515305752	23.00
	学校管理/校长领导力		
★	学校管理最重要的48件事	9787515361055	39.80
	重新设计学习和教学空间：设计利于活动、游戏、学习、创造的学习环境	9787515360447	49.90
	重新设计一所好学校：简单、合理、多样化地解构和重塑现有学习空间和学校环境	9787515356129	49.00
	让樱花绽放英华	9787515355603	79.00
	学校管理者平衡时间和精力的21个方法	9787515349886	29.90
	校长引导中层和教师思考的50个问题	9787515349176	29.00

书名	书号	定价
如何定义、评估和改变学校文化	9787515340371	29.80
优秀校长一定要做的18件事（入选《中国教育报》“2009年影响教师的100本书”）	9787515342733	26.00
学科教学/教科研		
北京四中语文课：千古文章	9787515360973	59.00
北京四中语文课：亲近经典	9787515360980	59.00
从备课开始的56个英语创意教学：快速从小白老师到名师高手	9787515359878	49.90
美国学生写作技能训练	9787515355979	39.90
《道德经》妙解、导读与分享（诵读版）	9787515351407	49.00
京沪穗江浙名校名师联手教你：如何写好中考作文	9787515356570	49.90
京沪穗江浙名校名师联手授课：如何写好高考作文	9787515356686	49.80
★ 人大附中中考作文取胜之道	9787515345567	39.80
★ 人大附中高考作文取胜之道	9787515320694	33.80
★ 人大附中学生这样学语文：走近经典名著	9787515328959	33.80
四界语文（中国教育报2017年度“教师喜爱的100本书”）	9787515348483	49.00
让小学一年级孩子爱上阅读的40个方法	9787515307589	39.90
让学生爱上数学的48个游戏	9787515326207	26.00
轻松100 课教会孩子阅读英文	9787515338781	88.00
情商教育/心理咨询		
9节课，教你读懂孩子：妙解亲子教育、青春期教育、隔代教育难题	9787515351056	39.80
★ 学生版盖洛普优势识别器（独一无二的优势测量工具）	9787515350387	169.00
与孩子好好说话（获“美国国家育儿出版物（NAPPA）金奖”，沟通圣经）	9787515350370	39.80
中小学心理教师的10项修炼	9787515309347	36.00
★ 别和青春期的孩子较劲（增订版）（入选《中国教育报》“2009年影响教师的100本书”）	9787515343075	28.00
★ 100条让孩子胜出的社交规则	9787515327648	28.00
守护孩子安全一定要知道的17个方法	9787515326405	32.00
幼儿园/学前教育		
用蒙台梭利教育法开启0～6岁男孩潜能	9787515361222	45.00
德国幼儿的自我表达课：不是孩子爱闹情绪，是她/他想说却不会说！	9787515359458	59.00
德国幼儿教育成功的秘密： 近距离体验德国学前教育理念与幼儿园日常活动安排	9787515359465	49.80
美国儿童自然拼读启蒙课：至关重要的早期阅读训练系统	9787515351933	49.80
幼儿园30个大主题活动精选：让工作更轻松的整合技巧	9787515339627	39.80
★ 美国幼儿教育活动大百科：3-6岁儿童学习与发展指南用书 科学 / 艺术 / 健康与语言 / 社会	9787515324265等	600.00
蒙台梭利早期教育法：3-6岁儿童发展指南（理论版）	9787515322544	29.80
蒙台梭利儿童教育手册：3-6岁儿童发展指南（实践版）	9787515307664	33.00
★ 自由地学习：华德福的幼儿园教育	9787515328300	29.90
赞美你：奥巴马给女儿的信	9787515303222	36.00
史上最接地气的幼儿书单	9787515329185	39.80

	书名	书号	定价
	教育主张/教育视野		
	哈佛前1%的秘密（俞敏洪、成甲、姚梅林、张梅玲推荐）	9787515363349	59.90
	基于七个习惯的自我领导力教育设计：让学校育人更有道，让学生自育更有根	9787515362809	69.00
	终身学习：让学生在未来拥有不可替代的决胜力	9787515360560	49.90
	颠覆性思维：为什么我们的阅读方式很重要	9787515360393	39.90
	如何教学生阅读与思考：每位教师都需要的阅读训练手册	9787515359472	39.00
	“互联网+”时代，如何做一名成长型教师	9787515340302	29.90
	教出阅读力	9787515352800	39.90
	为学生赋能：当学生自己掌控学习时，会发生什么	9787515352848	33.00
	如何用设计思维创意教学：风靡全球的创造力培养方法	9787515352367	39.80
	如何发现孩子：实践蒙台梭利解放天性的趣味游戏	9787515325750	32.00
	如何学习：用更短的时间达到更佳效果和更好成绩	9787515349084	49.00
	教师和家长共同培养卓越学生的10个策略	9787515331355	27.00
★	如何阅读：一个已被证实的低投入高回报的学习方法	9787515346847	39.00
★	芬兰教育全球第一的秘密（钻石版）(《中国教育报》等主流媒体专题推荐，台湾地区教育类畅销书榜第一名）	9787515359922	59.00
	世界最好的教育给父母和教师的45堂必修课（《芬兰教育全球第一的秘密》2）	9787515342696	28.00
★	杰出青少年的7个习惯（精英版）（中小学图书馆推荐书目、中国青少年必读书目）	9787515342672	39.00
	杰出青少年的7个习惯（成长版）	9787515335155	29.00
★	杰出青少年的6个决定（领袖版）（中小学图书馆推荐书目、中国青少年必读书目、全国优秀出版物奖）	9787515342658	28.00
★	7个习惯教出优秀学生（第2版）（全球第一畅销书《高效能人士的七个习惯》教师版）	9787515342573	39.90
	学习的科学：如何学习得更好更快（入选中国教育网2016年度“影响教师的100本书”）	9787515341767	39.80
	杰出青少年构建内心世界的5个坐标（中国青少年成长公开课）	9787515314952	59.00
★	跳出教育的盒子（第2版）（美国中小学教学经典畅销书）	9787515344676	35.00
	夏烈教授给高中生的19场讲座（入选《中国教育报》“2013年最受教师欢迎的100本书”）	9787515318813	29.90
★	学习之道：美国公认经典学习书	9787515342641	39.00
★	翻转学习：如何更好地实践翻转课堂与慕课教学（中国教育新闻网2015年度“影响教师的100本书”）	9787515334837	32.00
★	翻转课堂与慕课教学：一场正在到来的教育变革	9787515328232	26.00
	翻转课堂与混合式教学：互联网+时代，教育变革的最佳解决方案	9787515349022	29.80
	翻转课堂与深度学习：人工智能时代，以学生为中心的智慧教学	9787515351582	29.80
★	奇迹学校：震撼美国教育界的教学传奇（中国教育新闻网2015年度“影响教师的100本书”）	9787515327044	36.00
★	学校是一段旅程：华德福教师1-8年级教学手记	9787515327945	49.00
★	高效能人士的七个习惯（30周年纪念版）（全球畅销书）	9787515360430	79.00

您可以通过如下途径购买：

1. 书　　店：各地新华书店、教育书店。
2. 网上书店：当当网（www.dangdang.com）、亚马逊中国网（www.amazon.cn）、天猫（zqwts.tmall.com）京东网（www.360buy.com）。
3. 团　　购：各地教育部门、学校、教师培训机构、图书馆团购，可享受特别优惠。

购书热线：010-65511270 / 65516873